T AGENDA APPARTIENT À

# *Une année avec la* LUNE 2024

*votre bien-être au fil des cycles lunaires*

CÉLESTE GUSTIN

mercileslivres

Cet agenda lunaire vous accompagnera durant 16 mois en fonction du cycle mensuel de la Lune, mais aussi en fonction des différentes saisons de l'année. Il vous éclairera sur divers éléments en lien avec la Lune ayant trait à l'astrologie et à l'astronomie, au chamanisme, au paganisme, à diverses mythologies et à la spiritualité.. Il vous proposera aussi des rituels à réaliser pour chaque Pleine Lune et chaque Nouvelle Lune.

**Le but est de pouvoir mieux vous connecter à vous-même et au cosmos, afin de parvenir au meilleur alignement avec votre spiritualité et votre mission de vie.**

# COMMENT UTILISER VOTRE AGENDA ?

L'introduction qui suit vous donnera un panorama annuel et complet des différentes Pleines Lunes et Nouvelles Lunes. N'hésitez pas à vous y référer au cours de l'année !

Au fil des pages suivantes, ce livre-agenda vous propose de vivre 16 mois sous le signe de l'astre lunaire. Tout a été conçu pour une utilisation simple au quotidien : outre un accès aisé et visuel aux cycles lunaires, il vous fournit une multitude d'informations et explications.

## CHAQUE MOIS, VOUS RETROUVEREZ :

### *Un planning mensuel des cycles lunaires et des signes zodiacaux*

Nous y avons également prévu un espace de notes où reporter vos événements importants du mois.

### *Des doubles pages hebdomadaires*

**comprenant** :

- **une partie planning** où vous pourrez noter vos activités et rendez-vous. Nous y avons reporté les changements de phases lunaires ;
- **un texte détaillant les événements lunaires et zodiacaux** de la semaine ;
- **des textes pour découvrir** les principaux enseignements de la Lune, les fêtes, légendes, symboles, pierres de lithothérapie associées...
- **des rituels spécifiquement adaptés aux semaines de Pleine et Nouvelle Lune**, bénéfiques à votre épanouissement personnel.

*Nous vous souhaitons*
*une belle année lunaire,*
*pleine d'épanouissement et de bien-être.*

# À LA DÉCOUVERTE DES CYCLES LUNAIRES

## CE QUE LA LUNE NOUS ENSEIGNE...

Depuis des milliers d'années, les hommes sont fascinés par la Lune, satellite naturel de la Terre, et la vénèrent par toutes sortes de rituels. On lui prête notamment de puissants effets sur le sommeil, le cycle menstruel, les émotions, les humeurs... Selon le moment de son cycle, elle influence notre état d'esprit, nos réflexions, notre météo intérieure. Elle nous révèle notre face cachée, les aspects de notre personnalité et les émotions qui se lovent au plus profond de nous.

*La Lune suit un cycle d'environ 29 jours et change d'aspect en fonction de sa position par rapport à la Terre et au Soleil.*

**Lune et Soleil dansent ensemble**, nous offrant l'alternance de jours et de nuits de longueurs variables au rythme des saisons. Le cycle lunaire dure 29 jours, la durée d'un mois et d'un cycle menstruel, pendant lequel la Lune fait le tour complet de la Terre. Le cycle solaire est, quant à lui, d'une durée d'une année astronomique, c'est-à-dire 365 jours, 5 heures et 49 minutes : c'est le temps nécessaire à la Terre pour faire le tour du Soleil.

Pleine Lune

**Lorsque la Lune est pleine**, le Soleil, la Terre et la Lune sont quasiment alignés ; cette dernière est alors complètement éclairée. La Pleine Lune est propice aux bilans et à l'introspection, idéale pour finaliser des projets ou procéder à une rupture nécessaire, quelle qu'elle soit.

Nouvelle Lune

**Lors de la Nouvelle Lune**, l'astre est noir, rendu invisible par sa position entre la Terre et le Soleil. Il détient alors de puissantes énergies créatrices propices au renouveau et au démarrage de nouveaux projets.

# LES 8 PHASES DU CYCLE LUNAIRE

*Le cycle de la Lune s'étend sur 29 jours et 12 heures.*

**La lunaison commence toujours par la Nouvelle Lune.** À ce moment-là, la Lune est invisible dans le ciel et débute ainsi la Lune croissante.

On observe tout d'abord le premier croissant, puis le premier quartier, et enfin la gibbeuse croissante. La Lune croissante prend fin au moment où apparaît la Pleine Lune.

Ensuite, la Lune sera décroissante et passera par les phases suivantes : gibbeuse décroissante, dernier quartier et dernier croissant. La Nouvelle Lune suivante arrive ensuite et marque le début de la nouvelle lunaison. Chacune des 8 phases de la Lune dure donc environ 3,5 jours.

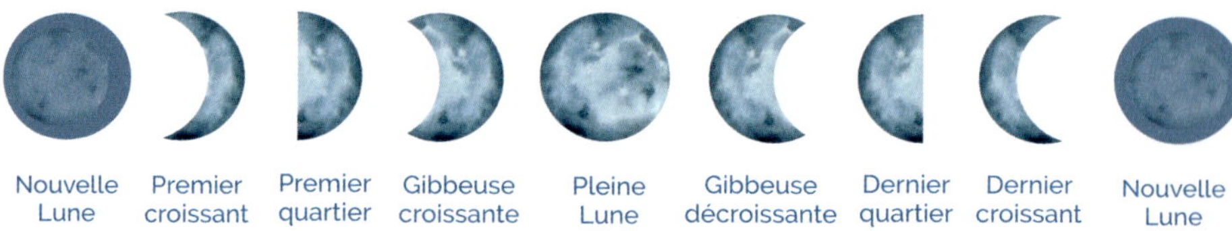


# LE CYCLE FÉMININ LUNAIRE

Le cycle féminin dure environ 28 jours, et suit donc le rythme du cycle lunaire ; ils étaient d'ailleurs synchronisés il y a fort longtemps. Miranda Gray, autrice du livre *Lune rouge*, fait le parallèle entre les phases de la Lune et celles du cycle menstruel : le premier jour des règles (également appelées « les lunes ») correspond à la Nouvelle Lune, phase d'introspection et de repos.

La phase préovulatoire est en lien avec la Lune croissante, caractérisée par un regain d'énergie et un sentiment de joie de vivre. Vient ensuite l'ovulation, reliée à la Pleine Lune, où l'on observe un élan vers les autres. La phase prémenstruelle, connectée à la Lune décroissante, peut occasionner de l'instabilité émotionnelle et des tensions.

## LUNE YIN ET SOLEIL YANG

**On attribue à la Lune un principe féminin, proche du *yin* chinois.** D'une part, elle est un symbole de la féminité, donc liée à la part féminine qui réside en chacun de nous, quel que soit notre sexe. Elle règne aussi sur les relations mère-fille et sur la maternité.

D'autre part, notre satellite naturel et le moment durant lequel on le voit le plus, la nuit, sont plutôt axés sur notre intériorité et sur l'introspection : ils nous amènent à nous recentrer à l'intérieur de nous et à regarder qui nous sommes vraiment. La Lune est d'ailleurs particulièrement propice pour travailler les trois chakras supérieurs, en lien avec notre intériorité : gorge, frontal et coronal.

**En miroir, nous retrouvons le Soleil, astre auquel on attribue un principe masculin, lié au *yang* chinoi**s. Notre étoile solaire, et le moment durant lequel on la voit le plus, le jour, nous parlent de la relation que nous avons avec le monde extérieur, que cela soit les humains, les animaux, les plantes, les minéraux, mais aussi tout ce qui est là, même si invisible pour nos yeux physiques. Le Soleil, plutôt rationnel et terre-à-terre, est ainsi pour sa part en lien les chakras les plus physiques : racine, sacré et solaire.

## ASTROLOGIE SOLAIRE ET LUNAIRE

La configuration de la carte du ciel au moment de notre naissance permet de déterminer notre signe astrologique solaire, c'est-à-dire la position du Soleil dans l'une des 12 maisons astrologiques.

Pour être complet, notre thème astrologique doit aussi comporter la position de la Lune dans l'une des 12 maisons astrologiques, qui détermine notre **signe lunaire**.

**Ce signe fait apparaître d'autres aspects de notre personnalité.** Il permet notamment de mettre en lumière ce qui est régi par notre inconscient, et qui influence de façon non négligeable différents aspects de notre vie, nos émotions et nos sentiments les plus profonds.

# VOEUX ET RITUELS LUNAIRES

Un rituel est un moment privilégié que l'on s'offre, où l'on prend du temps pour penser à soi et se faire du bien. On y consacrera le temps que l'on estime nécessaire : cela peut être assez rapide comme plus long si besoin.

Tout comme la biodynamie (qui prend en compte le cycle lunaire dans le cadre du jardinage) est largement utilisée depuis plusieurs décennies, la pratique des rituels en lien avec la Lune tend à se répandre. Cela s'explique par l'intérêt grandissant pour la spiritualité, la reconnexion à la nature et le bien-être.

Ces rituels peuvent être très variés : méditation, danse, bain, décoration de son logement en fonction de la saison, réalisation d'une œuvre d'art ou d'un objet d'artisanat, jardinage, immersion dans la nature, cuisine, diffusion d'huiles essentielles, etc.

*Il est d'usage de travailler sur le mois à venir avec des rituels, dans un cycle qui démarre à la Nouvelle Lune et dont on récoltera les fruits lors de la Pleine Lune qui suit.*

## LA NOUVELLE LUNE

**permet de travailler sur les nouveaux départs.**

**C'est le moment où l'on visualise nos vœux et projets pour le mois à venir en utilisant notre pensée créatrice.**

Le rituel réalisé sera idéalement conçu en rapport avec la Pleine Lune à venir et selon le mois et la saison dans lequel nous nous trouvons.

# LA PLEINE LUNE

## est le moment de la gratitude et du pardon.

**Également appelée « esbat » dans la tradition païenne, elle est dédiée au lâcher-prise et à la libération.**

À cette occasion, nous exprimons de la gratitude à la Lune et à l'Univers pour la réalisation de nos vœux et de nos projets. **C'est le moment où l'on remercie**, mais aussi le moment où nous nous pardonnons, où nous pardonnons aux autres et où nous demandons pardon.

**L'effet de la Lune, qu'elle soit Nouvelle ou Pleine, se fait sentir durant les 3 jours avant et les 3 jours après le moment auquel elle se produit.** C'est pourquoi les rituels de Nouvelle ou de Pleine Lune pourront s'effectuer durant toute cette période si vous n'êtes pas disponible au moment précis où elles ont lieu.

**Lorsque la Lune est au périgée de sa trajectoire,** elle est au plus proche de la Terre, et exerce des effets maximaux sur notre planète et ses habitants.

**Lorsque ce moment coïncide avec une Pleine Lune, il se produit ce que l'on appelle une « Super Lune »**, qui aura des effets intenses par rapport à une Pleine Lune qui n'est pas au périgée. Inversement, une Pleine Lune qui se situe au moment précis où la Lune est à l'apogée de sa trajectoire (c'est-à-dire le plus loin possible de la Terre) est qualifiée de **« Micro Lune »**.

# LUNDI, LE JOUR DE LA LUNE

À l'époque mésopotamienne, les jours sont nommés d'après les 7 planètes identifiées à ce moment-là, car observables à l'œil nu : la Lune, Mars, Vénus, Jupiter, Vénus, Saturne et le Soleil.

À l'époque romaine, on leur appose le préfixe *dies* signifiant « jour ». *Dies Lunae*, signifiant « jour de la Lune », devient par la suite lundi en français. Le lundi est ainsi teinté de la vibration particulière de la Lune et, plus encore que les autres jours, nous pousse à exploiter pleinement notre véritable potentiel, à suivre notre intuition et à écouter nos émotions. Il nous donne le ton émotionnel de la semaine à venir.

# LA ROUE DE L'ANNÉE

## *La célébration des sabbats païens*

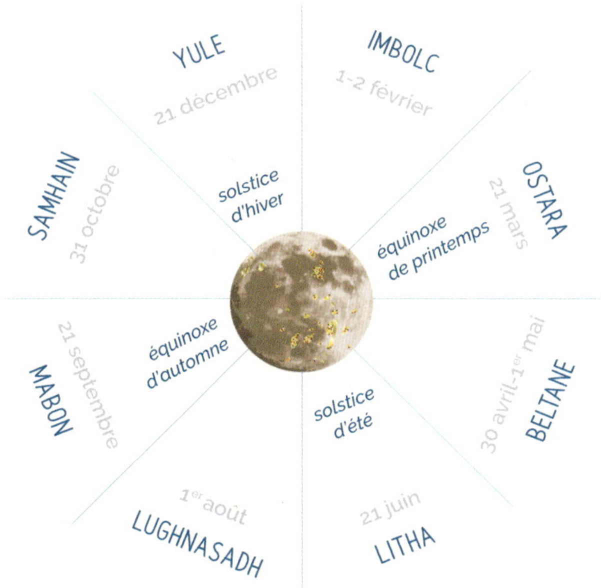


**Les 4 sabbats majeurs** sont d'anciennes fêtes celtes célébrant les étapes importantes de l'année : **Imbolc**, **Beltane**, **Lughnasadh** et **Samhain**.

**Les 4 sabbats mineurs** correspondent aux solstices et aux équinoxes : **Ostara** (équinoxe de printemps), **Litha** (solstice d'été), **Mabon** (équinoxe d'automne) et **Yule** (solstice d'hiver).

Tandis que les cycles lunaires se déroulent sur 29 jours et sont rythmés par les Nouvelles et Pleines Lunes, **les sabbats de l'année sont, quant à eux, dédiés aux cycles lunaire et solaire** et à leurs variations sur une unité de temps **correspondant aux 12 mois calendaires**. Ainsi, la Lune est bien plus présente et visible durant la Lune de la Contemplation (du 22 décembre au 19 janvier) que pendant la Lune du Soleil Brûlant (du 21 juin au 22 juillet), par exemple.

Cependant, c'est en été que l'on retrouvera **les Super Lunes**, c'est-à-dire les Pleines Lunes qui seront au plus près de la Terre, car ce sont les moments où la Lune sera au périgée de son orbite lunaire.

# LA LUNE DANS L'ASTROLOGIE AMÉRINDIENNE

## *Les directions sacrées de la Roue de médecine*

L'astrologie amérindienne est une astrologie chamanique de la Terre Mère, d'après la Roue sacrée de médecine chamanique amérindienne. **L'année est divisée en 13 Lunes en fonction de leurs dates de manifestation.** Chaque Lune a ses propres leçons à nous enseigner.

**Chaque Pleine Lune se situe dans une Direction sacrée de la Roue de médecine** (Est, Sud, Ouest, Nord).

**Chaque Direction a des qualités et des enseignements à nous transmettre.** Chaque Direction est aussi associée à une saison de l'année, à un moment de la journée, à une plante sacrée et à un Esprit gardien, un être spirituel qui nous enseigne les leçons de la Direction. Chaque Esprit gardien gouverne donc trois Lunes.

Nord

HIVER

*nuit*

*esprit gardien :*

Bison

Ouest

AUTOMNE

*soir*

*Esprit gardien :*

Ours

Est

PRINTEMPS

*matin*

*Esprit gardien :*

Aigle

Sud

ÉTÉ

*midi*

*Esprit gardien :*

Lion

# ANIMAL TOTEM
## *et Lune de naissance*

La Lune sous laquelle vous êtes né(e) est votre Lune natale. Elle reflète certaines tendances qui font partie intégrante de votre personnalité. À votre date de naissance correspond un animal totem, ou « signe du zodiaque » amérindien, un animal protecteur qui influence votre vie quotidienne.

On considère ici la symbolique de l'animal, c'est-à-dire ses caractéristiques d'un point de vue métaphorique et spirituel. L'animal nous prodigue sa médecine, c'est-à-dire des enseignements qui vont nous permettre d'évoluer. Il en découle une guidance sur nos forces intérieures et nos potentielles faiblesses, sur comment mieux vivre, en accord avec notre Terre Mère et notre nature profonde. Ces animaux totems sont divisés en quatre clans, chacun étant lié à un élément ; ils sont aussi associés à un minéral totem et à un végétal totem.

Les esprits animaux gouvernent toute la lunaison à laquelle ils sont associé. Dans cet agenda, nous les utiliserons spécialement à la Nouvelle Lune, au moment de l'évocation des vœux et projets, afin de travailler avec leur énergie.

# À CHAQUE LUNE
## *ses correspondances symboliques*

Les correspondances mettent en lumière les interconnexions qui existent dans le monde, et le fait que toute chose est reliée à une autre. On retrouve ces notions par exemple dans la médecine traditionnelle chinoise qui, dans sa théorie des 5 éléments, associe un élément avec une saison, un organe, une émotion, etc.

Dans la tradition amérindienne qui est développée ici, si nous prenons l'exemple du cycle de la Lune des Nouveaux Bourgeons, travailler avec une opale de feu permet de travailler l'élément Feu, mais aussi de faire appel aux qualités de l'animal-totem Faucon. Boire une infusion de trèfle rouge (hors contre-indications habituelles de la phytothérapie) nous met en lien avec la Mère originelle qui nous enseigne à voir la Vérité (voir ci-après). Travailler avec les correspondances optimise en quelque sorte les effets de chaque Lune sur l'être multidimensionnel que nous sommes.

# LES TREIZE MÈRES DE CLAN ORIGINELLES

## *Les archétypes du Féminin sacré*

Jamie Sams, autrice de l'ouvrage *Les 13 Mères originelles*, nous livre une correspondance entre les treize Lunes et treize principes ou Archétypes féminins, dénommés Mères originelles, pour intégrer la sagesse amérindienne dans la vie quotidienne des femmes d'aujourd'hui.

Chacune est liée à une lunaison (cycle de la Lune), sur lequel elle veille. En effet, dans la tradition amérindienne, chacune des 13 Lunes de l'année possède sa propre individualité, et chaque Mère originelle personnifie celle à laquelle elle est associée, avec ses particularités.

**Chaque Mère prodigue un enseignement particulier.** Elle est est caractérisée par des dons et des talents, et en lien avec ses propres totems, ; elle influence donc à sa manière la lunaison qui lui correspond.

L'idéal est de travailler avec les totems et d'invoquer les talents de la Mère liée à la lunaison en cours, lors des rituels de Lune.

Pour cela, vous pouvez réaliser un autel : déposez-y les totems (cristaux, végétaux, représentations animales…) de la Mère de la Lune en cours, ainsi que ses caractéristiques propres, notées sur des petits morceaux de papier ou représentées par des symboles (par exemple : des yeux pour « Celle qui voit loin »).

À la fin du rituel, remerciez la Mère originelle invoquée.

# HIVER

## les Pleines Lunes du Nord

**Le Nord est le temps de la contemplation et de l'enracinement. Nous apprenons à sonder profondément l'intérieur de nous-même pour trouver notre connexion à l'Univers. Ces Lunes nous aident à ralentir et à consacrer plus de temps à l'introspection.**

*Du 11 janvier au 08 février 2024*

### Pleine Lune de la Contemplation

On l'appelle également « Pleine Lune du Loup », car c'est la période de l'année où les loups venaient piller les camps amérindiens en quête de nourriture, ou « Pleine Lune de Glace », car les cours d'eau sont pris par le froid, ou encore « Lune du Renouveau de la Terre », « Lune d'Hiver » ou « Lune après Yule ».

Les personnes nées sous la Pleine Lune de la Contemplation possèdent un talent naturel pour l'auto-analyse. Elles sont adaptables, mais doivent se rappeler que le changement ne vient pas sans douleur. Cependant, une fois qu'elles voient le bénéfice de laisser tomber leur vieille peau tel un serpent qui mue, elles vont de l'avant avec force et perspicacité. Elles doivent s'efforcer de maintenir l'équilibre dans leur vie, d'apprendre à maîtriser et utiliser intelligemment leur énergie.

CORRESPONDANCES

**Animal totem** : Serpent

**Clan de la Tortue**

**Élément** : Terre

**Pierre** : Lapis-Lazuli

**Végétal** : Camomille

**Mère de clan** : Celle qui parle à ses proches. Nous enseigne à apprendre la Vérité.

*Du 09 février au 09 mars 2024*

## Pleine Lune de la Neige profonde

Elle porte ce nom car c'est la période de l'année où la neige est lourde et profonde. On l'appelle aussi « Lune du Repos et de la Purification », « Lune sauvage » ou « Lune de Faim ».

Les personnes nées sous la Pleine Lune de la Neige profonde sont visionnaires, empathiques et altruistes. Elles cherchent par tous les moyens à améliorer le sort d'autrui, aiment rendre service, et sont capables d'apporter une énergie nouvelle à tout projet. Elles peuvent avoir un don naturel de guérison physique et émotionnelle, mais doivent souvent beaucoup travailler pour que cette capacité se manifeste.

*Sabbat : Imbolc (nuit du 1er au 2 février).*

CORRESPONDANCES

**Animal totem** : Oie des neiges

**Clan** du Papillon

**Élément** : Air

**Pierre** : Obsidienne

**Végétal** : Échinacée

**Mère de clan** : La Gardienne de la Sagesse. Nous enseigne à honorer la Vérité.

*Du 10 mars au 07 avril 2024*

## Pleine Lune des Vents forts

Elle possède de nombreux noms : « Pleine Lune des Vers » (car à cette période, les vers de terre remontent à la surface du sol qui dégèle), « Pleine Lune des Grands Vents », « Pleine Lune virginale » ou encore « Pleine Lune du Corbeau ».

Les personnes nées sous cette Lune se sentent souvent mieux dans le monde spirituel que dans le monde physique. Comme protégées par une chrysalide, elles trouvent le royaume mystique plus réconfortant que le monde extérieur. Si elles sont bien ancrées, elles ont la capacité de voyager entre les deux mondes. Sans cet ancrage, elles peuvent se trouver emprisonnées dans de turbulentes vagues émotionnelles, avec des difficultés à se connecter à l'autre dans le monde physique.

CORRESPONDANCES

**Animal totem** : Papillon

**Clan** de la Grenouille

**Élément** : Eau

**Pierre** : Azurite

**Végétal** : Asclépiade

**Mère de clan** : Celle qui pèse la Vérité. Nous enseigne à accepter la Vérité.

# PRINTEMPS
## les Pleines Lunes de l'Est

**C'est le temps des nouveaux départs, du changement et de l'espoir. Nous apprenons à nous tourner vers l'avenir et nous savons que nous pouvons devenir plus que ce que nous sommes. Ces Lunes nous aident à prendre l'initiative de démarrer de nouveaux projets.**

*Du 08 avril au 07 mai 2024*

### Pleine Lune des Nouveaux Bourgeons

Également appelée « Pleine Lune rose » pour rappeler les premières fleurs roses printanières qui éclosent à ce moment-là, ou encore « Pleine Lune de l'Herbe verte », « Pleine Lune des Arbres en bourgeons » ou « Pleine Lune aux Herbes germantes », traduisant le réveil de la nature après l'hiver.

Les personnes nées sous la Pleine Lune des Nouveaux Bourgeons possèdent un sens de l'innocence et de l'émerveillement qu'elles garderont toute leur vie. Leur talent est de reconnaître la valeur des nouveaux projets et des nouvelles idées, et de tenter de les réaliser. Leur potentielle faiblesse est l'échec de l'achèvement de ces projets, car elles sont souvent distraites par de nouvelles idées, commençant un nouveau projet sans avoir terminé le précédent.

*Sabbat : Ostara (21 mars).*

CORRESPONDANCES

**Animaux totems** : Faucon

**Clan** de l'Oiseau-Tonnerre

**Élément** : Feu

**Pierre** : Opale de Feu

**Végétal** : Trèfle rouge

**Mère de clan** : Celle qui voit loin. Nous enseigne à voir la Vérité.

*Du 08 mai au 5 juin 2024*

## Pleine Lune des Plantations

Elle est aussi appelée « Pleine Lune des Fleurs », pour faire écho à la floraison de la majorité des fleurs sauvages du printemps, ou « Pleine Lune du Retour des grenouilles », « Pleine Lune de Lait » ou « Pleine Lune de la Mère ».

CORRESPONDANCES

**Animaux totems** : Castor, Fourmi

**Clan** de la Tortue

**Élément** : Terre

**Pierre** : Citrine

**Végétal** : Pissenlit

**Mère de clan** : Celle qui écoute. Nous enseigne à écouter la Vérité.

Les personnes nées sous la Pleine Lune des Plantations prospèrent grâce à un travail acharné, et investiront d'énormes efforts dans chaque projet entrepris. Elles comprennent le besoin de préparation et excellent dans la promotion de nouvelles idées. Une fois qu'elles ont démarré un projet, elles s'y investissent à 200 %, en temps et en efforts. Leur potentielle faiblesse est leur incapacité à prioriser leurs tâches et objectifs.

*Sabbat : Beltane (nuit du 30 avril au 1er mai).*

*Du 06 juin au 05 juillet 2024*

## Pleine Lune des Nouvelles Fleurs

On l'appelle aussi « Lune des Fraises », car elle a lieu lors de la période de maturité de ce fruit, ou encore « Lune de la Plantation du maïs », « Lune de Foin » ou « Lune de Miel » (en référence au miel produit par les abeilles).

Les personnes nées sous la Pleine Lune des Nouvelles Fleurs possèdent une exubérance pétillante et un enthousiasme plein de vitalité. Elles semblent être toujours en plein fleurissement. De nature créative, elles sont attirées par les projets artistiques. Leur potentielle faiblesse est le manque de stabilité et l'incapacité à porter attention aux détails importants.

CORRESPONDANCES

**Animaux totems** : Cerf, Biche, Girafe

**Clan** du Papillon

**Élément** : Air

**Pierre** : Corail

**Végétal** : Fleur de pommier

**Mère de clan** : La Conteuse. Nous enseigne à dire la Vérité.

ÉTÉ

# les Pleines Lunes du Sud

**Le Sud est le temps de la manifestation et de la compréhension. Nous apprenons à embrasser la vie, à profiter de journées bien remplies, à grandir, à aimer et à vivre pleinement. Ces Lunes nous encouragent à intensifier notre activité.**

*Du 06 juillet au 03 août 2024*

## Pleine Lune du Soleil brûlant

On l'appelle aussi « Pleine Lune du Tonnerre » car elle a lieu lors de la période de l'année où les orages sont les plus fréquents, mais aussi « Pleine Lune du Soleil fort » ou « Pleine Lune des Prairies ».

Les personnes nées sous la Pleine Lune du Soleil brûlant sont emplies de joie de vivre. Elles sont de nature joueuse et peuvent égayer même la plus ennuyeuse des journées. Elles réussissent souvent leur vie dans les domaines professionnels en lien avec la clientèle. Leur potentielle faiblesse est leur comportement parfois puéril et leur incompréhension des conséquences possibles de leurs actions.

*Sabbat* : *Litha (21 juin).*

CORRESPONDANCES

**Animal totem** : Loutre

**Clan** de la Grenouille

**Élément** : Eau

**Pierre** : Quartz rose

**Végétal** : Églantier

**Mère de clan** : Celle qui aime toute chose. Nous enseigne à aimer la Vérité.

*Du 04 août au 02 septembre 2024*

## Pleine Lune des Vents chauds

On l'appelle aussi « Pleine Lune de Maïs », car elle a lieu lorsque cette plante est en pleine croissance, « Pleine Lune de Grain », parce qu'elle survient au début de la récolte annuelle de céréales sauvages, ou encore « Pleine Lune des Baies mûres ».

Les personnes nées sous cette Pleine Lune correspondent aux femmes et hommes d'action de la Roue de médecine. Elles osent aller partout et tout faire. Polyvalentes, elles s'intègrent à de multiples lieux et situations. Elles peuvent toutefois montrer une certaine dureté, surtout si elles ont été éprouvées par la vie : elles font des amis loyaux, mais aussi des ennemis redoutables. Leur point faible potentiel : ne pas abandonner alors qu'il serait plus sage de le faire.

*Sabbat : Lughnasadh (1er août).*

### CORRESPONDANCES

**Animaux totems** : Esturgeon, Alligator

**Clan** de l'Oiseau-Tonnerre

**Élément** : Feu

**Pierre** : Cornaline

**Végétal** : Framboisier

**Mère de clan** : La Guérisseuse. Nous enseigne à servir la Vérité.

*Du 03 septembre au 1er octobre 2024*

## Pleine Lune des Moissons

C' est la Pleine Lune la plus proche de l'équinoxe d'automne. On l'appelle aussi « Pleine Lune du Cornu » et « Pleine Lune des Récoltes », car le lever relativement précoce de la Lune à ce moment de l'année procure du temps supplémentaire aux agriculteurs pour se consacrer à cette tâche.

Les personnes nées sous la Pleine Lune des Moissons ont habituellement une bonne capacité de jugement, de justice et de courage face aux réalités de la vie. Dotées de solides compétences d'analyse, réputées pour leur impartialité, elles cherchent le juste milieu et évitent les extrêmes. Elles peuvent parfois se laisser submerger par leur sens pratique, et ainsi ne pas réussir à atteindre l'harmonisation spirituelle.

*Sabbat : Mabon (21 septembre).*

### CORRESPONDANCES

**Animaux totems** : Araignée, Abeille

**Clan** de la Tortue

**Élément** : Terre

**Pierre** : Fluorite

**Végétal** : Tournesol

**Mère de clan** : La Femme du Soleil Couchant. Nous enseigne à vivre la Vérité.

# AUTOMNE

## les Pleines Lunes de l'Ouest

**L'Ouest est la période de la guérison, de la maturité, de l'achèvement et de la compréhension permise par le temps. Notre travail commence au niveau émotionnel. Ces Lunes peuvent nous aider à mener nos projets à bien.**

*Du 02 octobre au 31 octobre 2024*

### Pleine Lune des Chasseurs

La Pleine Lune des Chasseurs n'est pas fixée au mois d'octobre ; il s'agit en fait de la première Pleine Lune après la Pleine Lune des Moissons. On l'appelle également « Pleine Lune du Vol des canards » ou « Pleine Lune de la Chute des feuilles ».

Les personnes nées sous la Pleine Lune des Chasseurs sont gentilles, aimantes, très concernées par le bien-être des autres. Généreuses, elles écoutent attentivement les problèmes de leurs semblables et essayent de trouver des solutions. Elles sont plus heureuses lorsqu'elles font partie d'un groupe partageant leurs idéaux. Elles doivent apprendre à ralentir, pour atteindre un point d'équilibre. Leur potentielle faiblesse est de se laisser gouverner par leurs émotions et de passer d'une humeur à l'autre.

CORRESPONDANCES

**Animal totem** : Loup

**Clan du Papillon**

**Élément** : Air

**Pierre** : Jaspe

**Végétal** : Airellier

**Mère de clan** : La Tisseuse. Nous enseigne à travailler avec la Vérité.

*Du 1er novembre au 30 novembre 2024*

## Pleine Lune des Premières Gelées

Coïncidant avec les apparitions régulières des premiers frimas, la Pleine Lune des Premières Gelées porte aussi les noms de « Pleine Lune des Brouillards » ou « Pleine Lune de Givre ».

Les personnes nées sous la Pleine Lune des Premières Gelées peuvent sembler mystérieuses et secrètes. Cela peut leur prendre du temps pour s'ouvrir aux autres. Elles ont la capacité de voir dans les profondeurs de l'âme, la leur et celle des autres ; elles comprennent la valeur du pouvoir féminin, c'est-à-dire le pouvoir de connaissance profonde amené par la nuit. Patientes et précautionneuses, elles n'hésitent cependant pas à entrer en action lorsqu'elles entrevoient le résultat final.

*Sabbat* : *Samhain (31 octobre).*

CORRESPONDANCES

**Animal totem** : Chouette (Hibou)

**Clan** de la Grenouille

**Élément** : Eau

**Pierre** : Malachite

**Végétal** : Bouillon blanc

**Mère de clan** : La Grande Femme qui marche. Nous enseigne à marcher en Vérité.

*Du 1er décembre au 29 décembre 2024*

## Pleine Lune de la Neige silencieuse

On l'appelle également « Pleine Lune des Longues Nuits froides » ou simplement « Pleine Lune des Longues Nuits », car en cette période du solstice d'hiver, les jours sont les plus courts et on reçoit peu de lumière.

Les personnes nées sous la Pleine Lune de la Neige silencieuse ont souvent un physique et une volonté solides. Elles possèdent une force intérieure qui les aide à connaître la bonne direction à suivre et à guider les autres sur le bon chemin. Elles sont intuitives concernant leurs propres sentiments comme ceux des autres, qu'elles aident à se libérer de leurs rancœurs. Elles savent que les réponses sont à l'intérieur, et non à l'extérieur, et aident les autres à le comprendre. Elles font d'excellents enseignants.

*Sabbat* : *Imbolc (21 décembre).*

CORRESPONDANCES

**Animal totem** : Cheval

**Clan** de l'Oiseau-Tonnerre

**Élément** : Feu

**Pierre** : Hématite

**Végétal** : Bouleau

**Mère de clan** : Celle qui glorifie. Nous enseigne à être reconnaissant(e) envers la Vérité.

# TREIZIÈME LUNE

## Lune bleue de Transformation

La Lune bleue apparaît tous les 2,7 ans environ. Il s'agit d'une deuxième Pleine Lune dans un même mois, habituellement durant un mois comportant 31 jours. Une Lune bleue dégage une puissance phénoménale et signale des temps de grands changements. Elle amplifie les qualités de l'autre Lune qui a lieu dans la même Direction sacrée.

Les personnes nées sous une Lune bleue peuvent vous aider et vous guérir ou au contraire décider d'apporter du désordre et de la confusion dans votre vie. Elles peuvent être votre meilleur(e) ami(e) comme votre pire ennemi(e). Elles ont souvent un tempérament lunatique et sont enclines aux extrêmes ; elles peuvent subitement s'en prendre à vous sans raison particulière, et il n'est pas facile d'apprendre à les connaître. Cependant, si vous prenez le temps de les comprendre, elles peuvent vous enseigner les mystères de la vie.

CORRESPONDANCES

**Animal totem** : Coyote

**Pierre** : Pyrite

**Mère de clan** : Celle qui devient sa vision. Nous enseigne à être la Vérité.

Le terme « Lune bleue » résulte d'une erreur d'interprétation d'un astronome, James High Pruett, en 1946. Au départ, dans les almanachs américains dédiés aux fermiers des années 1900, le terme « Lune bleue » signifiait que quatre Pleines Lunes avaient lieu dans l'intervalle d'une saison, au lieu des trois habituelles. Ce terme ne veut pas dire que la Lune est bleue, même si ce phénomène peut arriver en de rares occasions, dans des conditions atmosphériques bien précises.

# CALENDRIER GÉNÉRAL 2023-2024

## 2023

| LUNE DE LA TRANSFORMATION | LUNE DES MOISSONS | LUNE DES CHASSEURS | LUNE DES PREMIÈRES GELÉES |
|---|---|---|---|
| du **16 août** au **14 septembre** | du **15 septembre** au **13 octobre** | du **14 octobre** au **12 novembre** | du **13 novembre** au **12 décembre** |
| ANIMAL TOTEM<br>Coyote | ANIMAUX TOTEMS<br>Araignée, Abeille | ANIMAL TOTEM<br>Loup | ANIMAL TOTEM<br>Chouette (ou Hibou) |
| PIERRE TOTEM<br>Pyrite | PIERRE TOTEM<br>Fluorite | PIERRE TOTEM<br>Jaspe | PIERRE TOTEM<br>Malachite |
| VÉGÉTAL TOTEM<br>/// | VÉGÉTAL TOTEM<br>Tournesol | VÉGÉTAL TOTEM<br>Busserole | VÉGÉTAL TOTEM<br>Bouillon blanc |

## 2024

| LUNE DE LA NEIGE SILENCIEUSE | LUNE DE LA CONTEMPLATION | LUNE DE LA NEIGE PROFONDE | LUNE DES VENTS FORTS |
|---|---|---|---|
| du **13 décembre 2023** au **10 janvier 2024** | du **11 janvier** au **08 février** | du **9 février** au **09 mars** | du **10 mars** au **07 avril** |
| ANIMAUX TOTEMS<br>Cheval, Dauphin | ANIMAL TOTEM<br>Serpent | ANIMAUX TOTEMS<br>Oie des neiges, Lapin | ANIMAUX TOTEMS<br>Papillon, Scarabée Egyptien |
| PIERRE TOTEM<br>Hématite | PIERRE TOTEM<br>Lapis-lazuli | PIERRE TOTEM<br>Obsidienne | PIERRE TOTEM<br>Azurite |
| VÉGÉTAL TOTEM<br>Bouleau | VÉGÉTAL TOTEM<br>Camomille | VÉGÉTAL TOTEM<br>Échinacée | VÉGÉTAL TOTEM<br>Asclépiade |

| LUNE DES NOUV. BOURGEONS | LUNE DES PLANTATIONS | LUNE DES NOUVELLES FLEURS | LUNE DU SOLEIL BRÛLANT |
| --- | --- | --- | --- |
| du **08 avril** au **07 mai** | du **08 mai** au **05 juin** | du **06 juin** au **05 juillet** | du **06 juillet** au **03 août** |
| ANIMAL TOTEM<br>Faucon | ANIMAUX TOTEMS<br>Castor, Fourmi | ANIMAUX TOTEMS<br>Cerf, Biche, Girafe | ANIMAUX TOTEMS<br>Loutre, Raton laveur |
| PIERRE TOTEM<br>Opale de feu | PIERRE TOTEM<br>Citrine | PIERRE TOTEM<br>Pierre de Petoskey | PIERRE TOTEM<br>Quartz rose |
| VÉGÉTAL TOTEM<br>Trèfle rouge | VÉGÉTAL TOTEM<br>Pissenlit | VÉGÉTAL TOTEM<br>Fleur de pommier | VÉGÉTAL TOTEM<br>Rose sauvage |

| LUNE DES VENTS CHAUDS | LUNE DES MOISSONS | LUNE DES CHASSEURS | LUNE DES PREMIÈRES GELÉES |
| --- | --- | --- | --- |
| du **04 août** au **02 septembre** | du **03 septembre** au **1er octobre** | du **02 octobre** au **31 octobre** | du **1er novembre** au **30 novembre** |
| ANIMAUX TOTEMS<br>Esturgeon, Alligator | ANIMAUX TOTEMS<br>Araignée, Abeille | ANIMAUX TOTEMS<br>Loup | ANIMAUX TOTEMS<br>Chouette (ou Hibou) |
| PIERRE TOTEM<br>Cornaline | PIERRE TOTEM<br>Fluorite | PIERRE TOTEM<br>Jaspe | PIERRE TOTEM<br>Malachite |
| VÉGÉTAL TOTEM<br>Framboise | VÉGÉTAL TOTEM<br>Tournesol | VÉGÉTAL TOTEM<br>Busserole | VÉGÉTAL TOTEM<br>Cèdre |

2025

| LUNE DE LA NEIGE SILENCIEUSE | LUNE DE LA CONTEMPLATION | LUNE DE LA NEIGE PROFONDE | LUNE DES VENTS FORTS |
|---|---|---|---|
| du **1er décembre** au **29 décembre** | du **30 décembre 2024** au **28 janvier 2025** | du **29 janvier** au **27 février** | du **28 février** au **28 mars 2025** |
| ANIMAUX TOTEMS<br>Cheval, Dauphin | ANIMAL TOTEM<br>Serpent | ANIMAUX TOTEMS<br>Oie des neiges, Lapin | ANIMAUX TOTEMS<br>Papillon, Scarabée égyptien |
| PIERRE TOTEM<br>Hématite | PIERRE TOTEM<br>Lapis-lazuli | PIERRE TOTEM<br>Jaspe | PIERRE TOTEM<br>Malachite |
| VÉGÉTAL TOTEM<br>Bouleau | VÉGÉTAL TOTEM<br>Camomille | VÉGÉTAL TOTEM<br>Échinacée | VÉGÉTAL TOTEM<br>Asclépiade |

## NOTES PERSONNELLES

# Calendrier lunaire du mois

| | | | | | |
|---|---|---|---|---|---|
| LUN | 28 | 4 | 11 | 18 | 25 |
| MAR | 29 | 5 | 12 | 19 | 26 |
| MER | 30 | 6 | 13 | 20 | 27 |
| JEU | AOÛT 31 pleine lune | 7 | 14 | 21 | 28 |
| VEN | 1 | 8 | nouvelle lune 15 | 22 | pleine lune 29 |
| SAM | 2 | 9 | 16 | 23 | 30 |
| DIM | 3 | 10 | 17 | 24 | OCT. 1 |

# SEPTEMBRE 2023

MES NOTES

# SEPTEMBRE 2023

LUNDI
28
ST AUGUSTIN

MARDI
29
STE SABINE

MERCREDI
30
ST FIACRE

JEUDI
31
ST ARISTIDE

VENDREDI
1er
SEPT.
ST GILLES

SAMEDI
2
SEPT.
STE INGRID

DIMANCHE
3
SEPT.
ST GRÉGOIRE

## *La Lune cette semaine*

La Pleine Lune Bleue en Poissons aura lieu à 3 h 35. Ce signe très sensible pourra appuyer sur nos émotions non résolues et nos états d'âme encore à vif. Elle nous invite à les exprimer et à travailler dessus pour les guérir en profondeur. Cette Pleine Lune nous permettra également de reprendre les rênes de notre souveraineté intérieure.

## SUPER LUNE BLEUE
## *des Vents Chauds*

**La Pleine Lune du 31 août est la 13e Pleine Lune de l'année : il s'agit donc d'une Lune Bleue (voir introduction), dont la puissance phénoménale intensifie les effets de lunaison en cours — celle des Vents Chauds pour cette année (d'autant qu'il s'agit d'une Super Lune).**

Une Lune Bleue, aussi appelée Lune de transformation, signale des temps de grands changements et vous invite à opérer une transmutation dans votre vie.

### *Votre rituel : fumigation pour le changement*

Le chardon-Marie est le végétal-totem de la Lune de Transformation. Ses bénéfices ne se révèlent qu'aux audacieux qui ont le courage de passer au-delà de ses épines protectrices pour comprendre les différents niveaux de réalité.

Réalisez une fumigation en disposant quelques semences de chardon-Marie sur un charbon ardent. Installez-vous si possible en contact visuel direct avec la Pleine Lune.

Respirez la fumée quelques instants (pas trop longtemps) puis aérez. Dites à voix haute ou pensez : « *Par la fumée du chardon-Marie, j'initie en moi les changements qui me permettront une transmutation, en devenant ainsi plus que moi-même.* »

*Une Pleine Lune est dite Super Lune quand l'astre est au périgée de son orbite (au plus près de la Terre) : elle paraît alors plus grosse. La Super Lune de ce 31 août se situera à 363 667 km.*

# SEPTEMBRE 2023

| | |
|---|---|
| LUNDI 4 | STE ROSALIE |
| MARDI 5 | STE RAÏSSA |
| MERCREDI 6 | ST BERTRAND |
| JEUDI 7 | STE REINE |
| VENDREDI 8 | ST ADRIEN |
| SAMEDI 9 | ST ALAIN |
| DIMANCHE 10 | STE INÈS |

## *La Lune cette semaine*

Cette semaine, la Lune est dans son dernier quartier, phase transitionnelle avant d'atteindre la Nouvelle Lune la semaine prochaine.

## ART-THÉRAPIE
### *autour des messages de la Lune*

**La transmutation initiée la semaine dernière va nous permettre de recevoir certains messages nécessaires à notre évolution, à travers des canalisations subtiles. Pour cela, l'art-thérapie est un outil idéal.**

Pour poser votre œuvre sur le papier, utilisez ce qui vous convient le plus parmi les outils suivants : aquarelle, peinture à l'eau ou à l'huile, crayons de couleur, feutres…

Munissez-vous d'un grand cahier de dessins ou d'une grande feuille de papier épais et placez-le devant vous. Idéalement, installez-vous de manière à voir la Pleine Lune de là où vous êtes, et connectez-vous à elle.

En prenant le temps nécessaire, laissez votre âme guider votre main pour coucher sur le papier les messages qui doivent vous être adressés. Ce faisant, laissez votre créativité parler, sans chercher à intellectualiser votre œuvre.

À la fin, remerciez la Lune pour l'inspiration et l'abondance dans votre vie, puis allez vous coucher. Le lendemain, observez votre réalisation à la lumière des messages reçus dans la nuit à travers vos rêves.

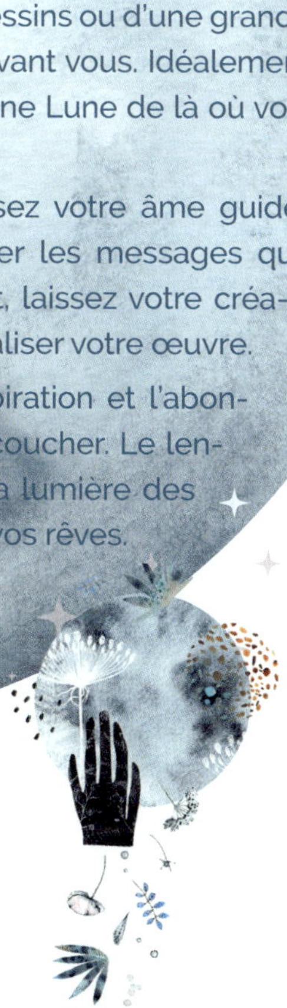

# SEPTEMBRE 2023

LUNDI ST ADELPHE
11

MARDI ST APOLLINAIRE
12

MERCREDI ST AIMÉ
13

JEUDI ST MATERNE
14

VENDREDI ST ROLAND
15
*Nouvelle Lune*

SAMEDI STE ÉDITH
16

DIMANCHE ST RENAUD
17

## *La Lune cette semaine*

La Nouvelle Lune en Balance aura lieu à 3 h 40. Ce sera un temps de recherche d'équilibre dans toutes vos relations ; le bon moment pour couper les ponts avec tous ceux qui font de votre vie un enfer, ou du moins de redéfinir les bases de vos relations pour que chacun se sente à l'aise.

# NOUVELLE LUNE des Moissons

### ABONDANCE ET RÉUSSITE

**La lunaison des Moissons nous invite à célébrer l'abondance et la réussite dans notre vie. Son énergie va nous permettre de manifester nos souhaits et désirs.**

## *Votre autel de Nouvelle Lune des Moissons*

Sur votre autel, réunissez les 3 totems (animal, minéral et végétal) de cette lunaison : une représentation de l'esprit de Lion (dessin, figurine, photo…), une fluorite et de l'huile essentielle de genévrier. Lion nous enseigne le pouvoir de la manifestation et de la transformation. La fluorite a la capacité d'être fondue : elle nous enseigne la possibilité de devenir quelque chose de plus que nous-même. Ajoutez une bougie verte, couleur symbolisant l'abondance, la richesse, le renouveau et l'énergie

## *Votre rituel magique d'olfactothérapie*

Prenez l'huile essentielle de genévrier et inspirez profondément une dizaine de fois. Ce faisant, exprimez mentalement ce qui est abondant dans votre vie et en fait la richesse. Bien souvent, ce ne sont pas des choses matérielles, mais l'amour, l'amitié, la joie, les rires… Visualisez ensuite vos intentions pour le mois en les imaginant déjà réalisées.

# SEPTEMBRE 2023

LUNDI 18 — STE NADÈGE

MARDI 19 — STE ÉMILIE

MERCREDI 20 — ST DAVY

JEUDI 21 — ST MATTHIEU

VENDREDI 22 — ST MAURICE

SAMEDI 23 — ST CONSTANT

DIMANCHE 24 — STE THÈCLE

## *La Lune cette semaine*

Cette semaine, la Lune est dans son premier quartier, phase transitionnelle avant d'atteindre la Pleine Lune la semaine prochaine.

# FÊTE DE MABON
## *et équinoxe d'automne*

**La fête païenne de Mabon, sixième fête païenne de l'année, se tient cette année le 23 septembre et célèbre l'équinoxe d'automne. Les païens l'assimilent à une « Pâque païenne ».**

Elle prendrait son origine dans le festival sacré des moissons de l'Antiquité grecque, Eleusis, et dans le mythe de Perséphone. Son nom serait issu du titre d'un conte celte appelé *Mabon ap Modron*, qui signifie « le fils de la mère ». C'est l'apothéose de l'année, le moment où l'on récolte tout ce qu'on a semé durant les mois précédents, et où l'on se récompense de ce dur labeur. On célèbre aussi l'arrivée du dépouillement hivernal et du raccourcissement des jours.

## *Corne d'abondance et de gratitude*

En conscience et dans un état d'esprit serein, réalisez une vraie corne d'abondance symbolisée par un grand saladier que vous remplissez en abondance de fruits, légumes, noix, herbes aromatiques, fleurs... Laissez le saladier dehors toute la nuit (à l'abri des intempéries) et dégustez son contenu le lendemain, dynamisé aux rayons lunaires (et ce, même si la Pleine Lune n'aura lieu que le 29 septembre) : l'astre aura imprégné, via ses rayons, votre préparation de son énergie.

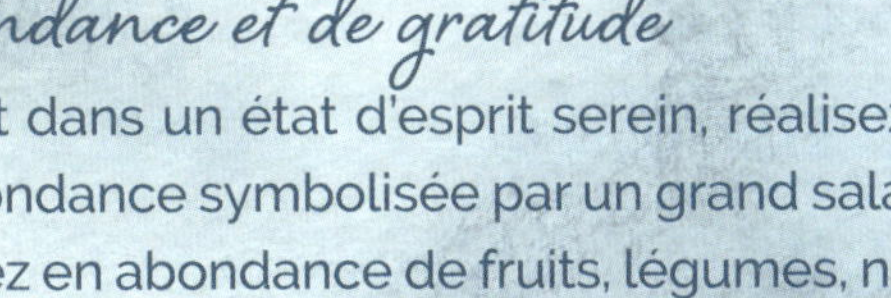

# SEPTEMBRE 2023

LUNDI
25
ST HERMANN

MARDI
26
ST CÔME, ST DAMIEN

MERCREDI
27
ST VINCENT DE PAUL

JEUDI
28
ST VENCESLAS

VENDREDI
29
ST MICHEL/GABRIEL

*Pleine Lune*

SAMEDI
30
ST JÉRÔME

DIMANCHE
1ER
OCT.
STE THÉRÈSE DE LISIEUX

## *La Lune cette semaine*

La Pleine Lune en Bélier aura lieu à 11 h 58. Elle nous met devant les conséquences des actions que l'on a posées, mais promeut également nos objectifs personnels et notre indépendance.

# SUPER LUNE BLEUE *des Moissons*

**Cette semaine, nous célébrons la Super Lune des Moissons le 29 septembre.**

Le tournesol en est le végétal-totem. Par ses grands pétales jaune vif, cette plante symbolise Grand-Père Soleil avec lequel elle possède une connexion très forte ; en effet, son capitule floral tourne avec son pédoncule au fil de la journée en direction des rayons solaires... d'où son nom !

Au-delà de cette forte connexion avec le soleil, le tournesol symbolise la force et la croissance et l'abondance qui en découle.

## *Votre rituel : intégrer la puissance du tournesol*

Pour ingérer la puissance du Soleil, confectionnez une recette gourmande et saine (granola, barre de céréales, crème Budwig, graines toastées...) à partir de ses graines. Celles-ci sont riches en nutriments bénéfiques pour les reins, la vessie, le cœur, la peau et les dents.

Dégustez en pleine conscience, en mâchant lentement, tout en remerciant la Lune pour sa générosité et les vœux réalisés.

# Calendrier lunaire du mois

| | | | | | |
|---|---|---|---|---|---|
| LUN | 25 | 2 | 9 | 16 | 23 |
| MAR | 26 | 3 | 10 | 17 | 24 |
| MER | 27 | 4 | 11 | 18 | 25 |
| JEU | 28 | 5 | 12 | 19 | 26 |
| VEN | 29 | 6 | 13 | 20 | 27 |
| SAM | SEPT. 30 | 7 | nouvelle lune 14 | 21 | pleine lune 28 |
| DIM | 1 | 8 | 15 | 22 | 29 |

# OCTOBRE 2023

30

31

MES NOTES

# OCTOBRE 2023

LUNDI — ST LÉGER
2

MARDI — ST GÉRARD
3

MERCREDI — ST FRANÇOIS D'ASSISE
4

JEUDI — STE FLEUR
5

VENDREDI — ST BRUNO
6

SAMEDI — ST SERGE
7

DIMANCHE — STE PÉLAGIE
8

## *La Lune cette semaine*

Cette semaine, la Lune est dans son dernier quartier, phase transitionnelle avant d'atteindre la Nouvelle Lune la semaine prochaine.

## CUEILLETTE FLORALE
### *pour inviter le soleil chez soi*

Ramassez les dernières fleurs de l'année, peut-être les pétales de quelques tournesols ayant germé tardivement. Faites-les sécher pour l'année à venir, directement sur votre autel du mois.

Pendant la cueillette, il est important de visualiser toute l'énergie solaire accumulée par la plante, et que vous allez ramener chez vous. Imaginez que la plante brille d'une lueur dorée, douce et chaude.

Elles vous apporteront la lumière intérieure tout au long de cette lunaison, mais aussi toute l'année à venir si vous en disposez dans votre maison, notamment dans un pot-pourri proche de la porte d'entrée.

### *Votre rituel : pot-pourri solaire*

Prenez un joli bol et mettez une couche de graines dans le fond : elles symbolisent tout le pouvoir de transformation et de manifestation qu'elles renferment, puisque capables de donner naissance à une plante entière. Disposez joliment dessus vos fleurs et/ou pétales séchés.

# OCTOBRE 2023

LUNDI
9
ST DENIS

MARDI
10
ST GHISLAIN

MERCREDI
11
ST FIRMIN

JEUDI
12
ST WILFRIED

VENDREDI
13
ST GÉRAUD

SAMEDI
14
ST JUSTE

*Nouvelle Lune*

DIMANCHE
15
STE THÉRÈSE D'AVILA

## *La Lune cette semaine*

La Nouvelle Lune des Chasseurs en Balance aura lieu à 19 h 55. Signe de sociabilité, elle est l'occasion de travailler sur l'harmonie de nos relations aux autres. Elle est propice à la paix, à la justice et à l'équilibre. Elle sera assortie d'une éclipse solaire annulaire qui sera visible sur tout le continent américain.

# NOUVELLE LUNE *des Chasseurs*

**MÉDITATION, MOMENT PRÉSENT**

**Cette lunaison nous invite à nous connecter en conscience à notre astre sélène lors d'une méditation de pleine conscience. Elle nous aide à vivre et ressentir l'instant présent en portant plus d'attention aux sensations à l'intérieur de notre corps.**

## *Votre autel de Nouvelle Lune*

Sur votre autel, réunissez les éléments totems de cette lunaison : une représentation de l'esprit de Loup (dessin, photo, figurine…), un jaspe et un petit pot de feuilles de busserole séchée. Loup nous aide à comprendre la dynamique de nos relations aux autres. Ajoutez de l'huile essentielle de pin sylvestre (associé au jaspe) et une bougie violette, couleur symbolisant la spiritualité et la concentration, idéale pour la méditation.

## *Votre rituel d'olfactothérapie*

Le pin sylvestre est un revitalisant énergétique. Ouvrez le flacon d'huile essentielle et inspirez profondément une dizaine de fois. Ce faisant, visualisez vos intentions pour le mois en les imaginant déjà réalisées.

# OCTOBRE 2023

LUNDI
16
STE EDWIGE

MARDI
17
ST BAUDOUIN

MERCREDI
18
ST LUC

JEUDI
19
ST RENÉ

VENDREDI
20
STE ADELINE

SAMEDI
21
STE CÉLINE

DIMANCHE
22
STE SALOMÉ/STE ÉLODIE

## *La Lune cette semaine*

Cette semaine, la Lune est dans son premier quartier, phase transitionnelle avant d'atteindre la Pleine Lune la semaine prochaine.

# SÉLÉNÉ

## *divinité de la Pleine Lune et de la maturité*

Le 17 octobre, nous fêtons Séléné, déesse grecque de la Pleine Lune et sœur d'Hélios, dieu du Soleil. Représentée par la Pleine Lune symbolisant la maturité dans le cycle de vie, Séléné entame chaque soir sa course céleste pour veiller sur nos nuits, au moment où son frère Hélios termine la sienne. Sa couleur est l'argent et sa gemme, la pierre de lune. Montant un char d'argent, portant une couronne gravée d'une lune, elle est aussi la déesse de la croissance des plantes et des animaux, de l'accouchement et de la folie.

## *Votre rituel : invocation en blanc argent*

Habillez-vous de blanc. Avec un crayon kohl argenté, tracez une Pleine Lune sur votre front (un rond entièrement argenté). Ensuite, prenez une pierre de lune dans chacune de vos mains. Inspirez profondément et lentement. Ce faisant, visualisez un rayon argenté émanant du char d'argent de Séléné descendre sur vous et vous nimber d'une aura argentée. Ainsi, elle harmonise votre matrice et équilibre votre vie de femme.

# OCTOBRE 2023

LUNDI
23
ST JEAN DE CAPISTRAN

MARDI
24
ST FLORENTIN

MERCREDI
25
ST CRÉPIN

JEUDI
26
ST DIMITRI

VENDREDI
27
STE ÉMELINE

SAMEDI
28
ST SIMON, ST JUDE

*Pleine Lune*

DIMANCHE
29
ST NARCISSE

## *La Lune cette semaine*

La Pleine Lune des Chasseurs en Taureau aura lieu à 22 h 24. Elle va mettre fin à de vieilles habitudes et à tout ce qui nous empoisonne. Elle nous permet de changer certaines de nos priorités. Elle nous aide à écouter notre intuition et nos ressentis et à nous connecter à notre Moi profond.

# SUPER LUNE BLEUE
## *des Chasseurs*

**Pour la Pleine Lune de ce 28 octobre, vous êtes invité(e) à préparer et boire en pleine conscience une infusion de busserole pour vous imprégner de sa médecine.**

La busserole est la plante-totem de la lunaison des Chasseurs et symbolise la paix. En Amérique du Nord, les Amérindiens l'utilisaient comme alternative au tabac dans un mélange sacré appelé kinnick-kinnick, fumé dans le calumet de la paix. Calmant les ardeurs et clarifiant l'esprit, la busserole ramène l'entente entre les peuples ou dans les familles. Ses feuilles peuvent être infusées, comme dans le rituel proposé.

## *Votre rituel : infusion pour la méditation*

Faites infuser 1 cuil. à café de feuilles de busserole dans 250 ml d'eau frémissante, à couvert, pendant 10 min. Profitez de ce temps d'infusion pour prendre de longues et lentes inspirations et expirations. Buvez en conscience en ressentant le trajet de l'infusion dans chaque partie de votre corps qu'elle traverse.

Pour amplifier les effets de la plante, glissez un jaspe (minéral-totem en correspondance) dans votre poche ou au milieu de votre soutien-gorge.

*Cette Pleine Lune sera doublée d'une éclipse de Lune partielle visible en Europe (dont la France, en soirée), en Asie et en Afrique.*

# Calendrier lunaire du mois

# NOVEMBRE 2023

MES NOTES

# NOVEMBRE 2023

LUNDI 30 OCT. — STE BIENVENUE

MARDI 31 OCT. — ST QUENTIN

MERCREDI 1ER — TOUSSAINT

JEUDI 2 — ST VICTORIN

VENDREDI 3 — ST HUBERT

SAMEDI 4 — ST CHARLES

DIMANCHE 5 — STE SYLVIE

## *La Lune cette semaine*

Cette semaine, la Lune est dans son dernier quartier, phase transitionnelle avant d'atteindre la prochaine Nouvelle Lune.

## SAMHAIN,

## *fête du passage à la saison sombre*

**Le 31 octobre, nous fêtons Samhain (ou Samain), aussi appelée Halloween. Ce sabbat est le début de l'année solaire pour les Celtes et les sorcières.**

C'est aussi la fête des Morts ; d'après les croyances païennes, c'est à Samhain que le voile entre les mondes est le plus fin. C'est donc le moment idéal pour tenter d'entrer en contact avec les défunts ou d'autres entités (comme le petit peuple de la forêt). Pour effrayer les entités malveillantes qui auraient pu franchir le voile, les Celtes allumaient des lanternes creusées dans des navets (remplacés ensuite par des courges dans la tradition américaine).

### *Votre rituel : lanterne protectrice de Samhain*

Renouez avec la tradition celte en creusant un navet pour en faire une lanterne. Placez-y une bougie chauffe-plat et placez-le sur le rebord de votre fenêtre, à l'extérieur, pour effrayer les entités malfaisantes.

Ce faisant, dites ou pensez : « *J'appelle mes ancêtres, je les invite à traverser le voile entre les mondes pour venir m'apporter une guidance et des conseils, afin que je trouve des réponses et ma voie dans cette incarnation. Envoyez-moi les signes dont j'ai besoin. Je vous remercie.* »

# NOVEMBRE 2023

| | |
|---|---|
| LUNDI 6 | STE BERTILLE |
| MARDI 7 | STE CARINE |
| MERCREDI 8 | ST GEOFFROY |
| JEUDI 9 | ST THÉODORE |
| VENDREDI 10 | ST LÉON |
| SAMEDI 11 | ST MARTIN |
| DIMANCHE 12 | ST CHRISTIAN |

## *La Lune cette semaine*

Cette semaine, la Lune est dans son dernier quartier, phase transitionnelle avant d'atteindre la Nouvelle Lune la semaine prochaine.

# LILITH,
## *la Lune noire*

**La Lune noire est un point géométrique de « vide » symbolisé par Lilith. Déesse de l'Amour physique et de la Guerre, elle représente notre part d'ombre, notre liberté sexuelle et nos fantasmes.**

Lilith reste environ neuf mois dans le même signe astrologique. Sa position à notre naissance nous indique notre « signe astrologique de la Lune noire », qui nous influence au quotidien.

## *Votre rituel : invocation d'introspection*

Diffusez de l'huile essentielle de laurier noble et posez une labradorite sur votre 3e œil. Appelez Lilith : « *Lilith, Lune Noire, aide-moi à plonger en moi, et à découvrir mes facettes sombres, et à transformer l'obscurité en lumière.* »

La labradorite est aussi appelée « pierre de lune noire » et est associée à Lilith. En lien avec la Nouvelle Lune et le chakra coronal, elle développe nos capacités extrasensorielles. Le laurier noble augmente la clairvoyance et la sagesse et augmente les rêves prémonitoires. Tous ces éléments se renforcent mutuellement et favorisent l'introspection.

# NOVEMBRE 2023

LUNDI 13 — ST BRICE

Nouvelle Lune

MARDI 14 — ST SIDOINE

MERCREDI 15 — ST ALBERT

JEUDI 16 — STE MARGUERITE

VENDREDI 17 — STE ÉLISABETH

SAMEDI 18 — STE AUDE

DIMANCHE 19 — ST TANGUY

## *La Lune cette semaine*

La Nouvelle Lune en Scorpion aura lieu le 13 novembre à 10 h 27. Elle nous donne de la force pour nous libérer du passé ou d'une relation toxique. Ce signe symbolise la transformation, mais aussi l'instinct. Vous aurez besoin de réconfort : entourez-vous de personnes que vous aimez et en qui vous avez confiance.

# NOUVELLE LUNE des Premières Gelées

## AMOUR INCONDITIONNEL ET AMOUR DE SOI

**Cette lunaison nous amène à travailler sur l'Amour inconditionnel et l'Amour de soi, afin de rassurer notre enfant intérieur dont le cœur est comme enfermé dans une gangue de givre. Lui apporter chaleur et amour et le consoler l'ouvrira aux relations avec les autres, en confiance et sans peur.**

## *Votre autel de Nouvelle Lune*

Sur votre autel, réunissez les éléments totems de cette lunaison : une représentation de l'esprit d'Ours (dessin, photo, figurine…), une malachite, un petit pot contenant du bouillon-blanc séché. Ours aide notre capacité de guérison intérieure. La malachite, reliée au chakra du cœur, nous ouvre à l'Amour inconditionnel, apaise le stress et soulage la dépression. Ajoutez une bougie rose, pour l'Amour de soi et l'Amour inconditionnel, et de l'huile essentielle de lavande pour le rituel d'olfactothérapie.

## *Votre rituel d'olfactothérapie*

L'huile essentielle de lavande apaise et ouvre notre cœur et harmonise le chakra associé. Inspirez profondément une dizaine de fois. Ce faisant, visualisez vos intentions pour le mois à venir déjà réalisées.

# NOVEMBRE 2023

LUNDI 20 — ST EDMOND

MARDI 21 — ST GÉLASE

MERCREDI 22 — STE CÉCILE

JEUDI 23 — ST CLÉMENT

VENDREDI 24 — STE FLORA

SAMEDI 25 — STE CATHERINE

DIMANCHE 26 — STE DELPHINE

## *La Lune cette semaine*

Cette semaine, la Lune est dans son premier quartier, phase transitionnelle avant d'atteindre la Pleine Lune la semaine prochaine.

## LUNE CROISSANTE
### *et rituels de beauté*

**Étant donné son influence importante sur notre organisme, il est intéressant de tenir compte du cycle de la Lune pour nos rituels de beauté.**

En phase de Lune croissante (c'est le cas cette semaine), c'est-à-dire durant la période qui s'écoule entre la Nouvelle Lune et la Pleine Lune, la peau est régénérée, nourrie et oxygénée : c'est le bon moment pour masser, gommer, nourrir, hydrater et soigner boutons et imperfections.

Cependant, évitez la Lune en signes de Feu, propice aux rougeurs et inflammations cutanées, et privilégiez plutôt la Lune en signes d'Eau, favorisant l'hydratation cutanée.

La période de Lune croissante est aussi la période la plus propice pour faire couper vos cheveux, qui repousseront plus vite. On dit aussi que c'est le moment idéal pour réaliser une nouvelle couleur de cheveux ou augmenter l'efficacité des masques capillaires nourrissants.

# NOVEMBRE 2023

LUNDI
27
ST SÉVERIN

Pleine Lune

MARDI
28
ST JACQUES DE LA MARCHE

MERCREDI
29
ST SATURNIN

JEUDI
30
ST ANDRÉ

VENDREDI
1ER
DÉC.
STE FLORENCE

SAMEDI
2
DÉC.
STE VIVIANE

DIMANCHE
3
DÉC.
ST FRANÇOIS-XAVIER

## *La Lune cette semaine*

La Pleine Lune en Gémeaux aura lieu le 27 novembre à 10 h 16. Elle sera un temps d'amour, de partage et de rassemblement, et sera assortie d'une éclipse totale de Lune non visible en Europe, mais dont nous profiterons tout de même des énergies.

# PLEINE LUNE des Premières Gelées

**Nous célébrons la Pleine Lune des Premières Gelées le 27 novembre.** Pour travailler sur l'Amour inconditionnel et l'Amour de soi, faites-vous cadeau d'un bain aux ingrédients judicieusement choisis dans ce but. Pendant sa préparation, sentez-vous nimbée de l'Amour universel que le Grand-Tout vous porte.

## *Votre rituel : bain pour l'Amour inconditionnel et l'Amour de soi*

Faites couler le bain, et pendant ce temps, versez dans l'eau 1 petit verre de sel rose de l'Himalaya, 2 gouttes d'absolue de jasmin, 1 petit verre de pétales de rose frais ou séchés, 1 petit verre de fleurs de lavande fraîches ou séchées, du quartz rose.

Disposez quelques bougies roses et/ou rouges autour de la baignoire et allumez-les. Mettez de la lumière tamisée, ou allumez une lampe de sel rose. Puis dites ou pensez : « *Je suis digne de l'Amour inconditionnel que l'Univers me porte. Je suis aimée, quoi qu'il arrive.* »

# Calendrier lunaire du mois

| | | | | | |
|---|---|---|---|---|---|
| LUN | 27 | 4 | 11 | 18 | 25 |
| MAR | 28 | 5 | 12 | 19 | 26 |
| MER | 29 | 6 | nouvelle lune 13 | 20 | pleine lune 27 |
| JEU | NOV. 30 | 7 | 14 | 21 | 28 |
| VEN | 1 | 8 | 15 | 22 | 29 |
| SAM | 2 | 9 | 16 | 23 | 30 |
| DIM | 3 | 10 | 17 | 24 | 31 |

DÉCEMBRE 2023
MES NOTES

# DÉCEMBRE 2023

LUNDI
4
STE BARBARA

MARDI
5
ST GÉRALD

MERCREDI
6
ST NICOLAS

JEUDI
7
ST AMBROISE

VENDREDI
8
ST ELFRIED

SAMEDI
9
ST PIERRE FOURIER

DIMANCHE
10
ST ROMARIC

## *La Lune cette semaine*

Cette semaine, la Lune est dans son dernier quartier, phase transitionnelle avant d'atteindre la Nouvelle Lune la semaine prochaine.

# CHANDRA

## *dieu hindou de l'eau et de la Lune*

**Lors de la prochaine lunaison, nous célébrerons Chandra à la Nouvelle Lune (13 décembre) et à la Pleine Lune 27 décembre). Ce dernier apporte la lumière lunaire dans les ténèbres de la nuit, très présente lors de cette lunaison de décembre où les nuits sont les plus longues de l'année.**

Dans la mythologie hindoue, la Lune est représentée par le dieu Chandra. Celui-ci est aussi le dieu de l'eau (l'élément associé à la Lune), de la fertilité (associée au chakra sacré), des herbes médicinales et de la santé. Maître du destin, il gouverne les cycles de la Nature. Tout comme la déesse grecque Séléné (voir octobre 2023), Chandra apporte la lumière lunaire dans les ténèbres de la nuit en tirant la Lune dans un char. À Bali notamment, il est vénéré et célébré à travers des offrandes blanches, de la couleur de la Lune : riz, fleurs, sucre, lait, perles... pour l'inciter à apporter la santé et la fertilité.

## *Votre rituel : boisson blanche de Chandra*

Pour inviter Chandra à éclairer notre vie, faites chauffer un verre de lait (cela peut être du lait végétal), ajoutez-y 1 cuil. à café de sucre de votre choix, et buvez lentement en visualisant la Lumière inonder votre corps et votre âme.

# DÉCEMBRE 2023

LUNDI 11 — ST DANIEL

MARDI 12 — ST CORENTIN

MERCREDI 13 — STE LUCIE

*Nouvelle Lune*

JEUDI 14 — STE ODILE

VENDREDI 15 — STE NINON

SAMEDI 16 — STE ALICE

DIMANCHE 17 — ST JUDICAËL/GAËL

## *La Lune cette semaine*

La Nouvelle Lune en Capricorne aura lieu le 13 décembre à 0 h 32. Elle est l'occasion de préparer le renouveau en se fixant de nouveaux objectifs et en prenant de nouvelles résolutions pour l'année à venir. N'hésitez pas à les mettre par écrit, afin de commencer à les faire d'ores et déjà apparaître dans la matérialité.

# NOUVELLE LUNE

## *de la Neige Silencieuse*

**FAIRE LE BILAN, TIRER DES LEÇONS**

**Cette lunaison est le moment idéal pour faire le bilan de l'année, et préparer l'année à venir. Les leçons apprises cette année vous permettront de continuer à avancer en évitant de refaire les mêmes erreurs. La lumière de Chandra nous éclairera pour cela.**

## *Votre autel de Nouvelle Lune*

En hommage à Chandra (dieu de l'eau, auquel on fait des offrandes blanches — *voir semaine précédente*), rassemblez une image ou statuette de cette divinité, un flacon d'hydrolat de jasmin et quelques pétales blancs. Ajoutez une représentation de l'Esprit de Cheval et une hématite (tous deux totems de cette lunaison). Ajoutez une bougie bleu foncé, couleur du calme et de la sérénité, nécessaires pour faire le bilan.

## *Votre rituel de Nouvelle Lune*

Devant la représentation de Chandra, disposez des offrandes blanches (riz, fleurs, sucre, lait, perles...). Diffusez des chants de moines tibétains. Pour bénéficier des pouvoirs de l'Eau, élément associé à la Lune et à Chandra, buvez 1 cuil. à soupe d'hydrolat de jasmin en formulant vos vœux pour les deux semaines à venir.

| | |
|---|---|
| LUNDI 18 | ST GATIEN |
| MARDI 19 | ST URBAIN |
| MERCREDI 20 | ST THÉOPHILE |
| JEUDI 21 | ST PIERRE CANISIUS |
| VENDREDI 22 | STE FRANÇOISE-XAVIÈRE |
| SAMEDI 23 | ST ARMAND |
| DIMANCHE 24 | STE ADÈLE |

## *La Lune cette semaine*

Le solstice d'hiver aura lieu ce vendredi 22 décembre à 4 h 27. Il s'agit du moment où la nuit est la plus longue de l'année.

# FÊTE DE YULE
## *et solstice d'hiver*

**Ce 21 décembre, nous fêtons le sabbat de Yule. Cette huitième et dernière fête païenne de l'année a lieu dans la nuit du solstice d'hiver, nuit la plus longue de l'année qui intervient, selon les années, entre le 21 et le 23 décembre.**

Yule trouve son origine dans la Scandinavie antique, il y a plusieurs millénaires. Les Scandinaves célébraient leur dieu Odin et le retour du Soleil : car c'est à partir du solstice que les jours commencent à rallonger et le printemps est en ligne de mire. Yule est ainsi l'une des premières célébrations de renouveau de la Roue de l'année. C'est aussi une fête familiale qui nous invite à nous entourer de nos proches et à les gâter.

### *Votre rituel : orange solaire et étoilée*

Piquez une orange avec des clous de girofle pour symboliser le retour prochain du Soleil (et donc le déclin de la Lune). Disposez-la au centre de la table lorsque vous festoierez avec vos proches. Une fois la fête passée, placez-la sur votre autel du mois, créé lors de la Nouvelle Lune du 13 décembre.

# DÉCEMBRE 2023

LUNDI
25
ST EMMANUEL

MARDI
26
ST ÉTIENNE

MERCREDI
27
ST JEAN L'APÔTRE

Pleine Lune

JEUDI
28
STS INNOCENTS

VENDREDI
29
ST DAVID

SAMEDI
30
ST ROGER

DIMANCHE
31
ST SYLVESTRE

## *La Lune cette semaine*

La Pleine Lune en Cancer aura lieu le 27 décembre à 1 h 33. Le Cancer est un signe sensible, très lié à ses racines, et nous reconnecte à notre féminité et à notre inconscient.

# PLEINE LUNE
## *de la Neige Silencieuse*

**Nous célébrons la Pleine Lune de la Neige Silencieuse le 27 décembre. Cette Pleine Lune nous invite à faire le bilan de l'année écoulée, avec l'aide de Chandra, et à exprimer de la gratitude pour ce qui a été positif comme négatif — car tout est toujours une leçon qui nous aide à grandir.**

## *Votre rituel : bain sacré de Chandra*

Mettez en fond sonore de la musique indienne ou balinaise (sans chants). Pour bénéficier des pouvoirs de l'Eau, élément associé à la Lune et à Chandra, appliquez de l'hydrolat de jasmin sur votre chakra sacré, entre le nombril et le pubis (associé à la Lune). Buvez-en 1 cuil. à soupe en remerciant Chandra et la Lune pour vos vœux et souhaits réalisés.

Finalisez le rituel en vous préparant un bain entouré de bougies blanches. Dans l'eau du bain, mettez 1 cuil. à soupe de sel blanc, 1 cuil. à soupe d'hydrolat de jasmin et des pétales de fleurs blanches.

Remerciez Chandra pour la concrétisation ou la mise en chemin de nos vœux et souhaits.

# Calendrier lunaire du mois

| | | | | | |
|---|---|---|---|---|---|
| LUN | 1 | 8 | 15 | 22 | 29 |
| MAR | 2 | 9 | 16 | 23 | 30 |
| MER | 3 | 10 | 17 | 24 | 31 |
| JEU | 4 | nouvelle lune 11 | 18 | pleine lune 25 | FEV. 1 |
| VEN | 5 | 12 | 19 | 26 | 2 |
| SAM | 6 | 13 | 20 | 27 | 3 |
| DIM | 7 | 14 | 21 | 28 | 4 |

# JANVIER 2024

MES NOTES

# JANVIER 2024

| | |
|---|---|
| LUNDI 1er | JOUR DE L'AN |
| MARDI 2 | ST BASILE |
| MERCREDI 3 | STE GENEVIÈVE |
| JEUDI 4 | ST ODILON |
| VENDREDI 5 | ST ÉDOUARD |
| SAMEDI 6 | ST MÉLAINE |
| DIMANCHE 7 | ST RAYMOND |

## *La Lune cette semaine*

Cette semaine, la Lune est dans son dernier quartier, phase transitionnelle avant d'atteindre la Nouvelle Lune la semaine prochaine.

## RITUEL DE PASSAGE
### *vers la nouvelle année*

**C'est le moment idéal pour réaliser un rituel de passage vers la Nouvelle Année en guise de bilan de tous les événements des douze mois écoulés.**

### *Votre rituel : spell jar de passage à 2024*

Inscrivez sur un petit bout de papier tout ce que vous avez accompli dans l'année, les choses positives et constructives dont vous êtes fier(e), tout comme les décisions et événements malheureux, qui vous ont toutefois servi de leçon. Terminez la liste en écrivant le mot « Gratitude » et en ressentant ce sentiment.

Prenez une petite fiole transparente et mettez-y votre mot roulé sur lui-même, puis ajoutez du sel de mer, une plume blanche, des épines de pin, du romarin, de l'origan, une petite obsidienne et/ou une petite tourmaline noire. Terminez en scellant le bouchon de liège avec de la cire de bougie blanche.

Gardez cette spell jar sur votre bureau ou dans votre table de chevet jusqu'au passage à l'année 2025.

# JANVIER 2024

LUNDI 8 — ST LUCIEN

MARDI 9 — STE ALIX

MERCREDI 10 — ST GUILLAUME

JEUDI 11 — ST PAULIN

*Nouvelle Lune*

VENDREDI 12 — STE TATIANA

SAMEDI 13 — ST HILAIRE

DIMANCHE 14 — STE NINA

## *La Lune cette semaine*

La Nouvelle Lune de la Contemplation en Capricorne aura lieu le 11 janvier à 12 h 57. Elle nous engage à amorcer un nouveau départ et à adopter de nouvelles habitudes, que cela soit dans la sphère professionnelle ou dans la sphère privée.

# NOUVELLE LUNE *de la Contemplation*

## CONTEMPLATION INTÉRIEURE

**Cette lunaison vous invite à tourner votre regard vers l'intérieur de vous-même, pour observer sans jugement ce qui s'y passe et prendre acte de ce que vous ressentez.**

## *Votre autel de Nouvelle Lune*

Sur votre autel, réunissez les 3 totems principaux de cette lunaison (animal, minéral et végétal) : une représentation de l'esprit de Serpent (dessin, figurine, photo...), du lapis-lazuli, de la camomille (fleurs) et du bouleau (feuilles, écorce...). Serpent nous enseigne l'abandon de l'ancien et l'art de la mue. Le lapis-lazuli est une pierre d'introspection utilisée pour renforcer les pouvoirs spirituels. Ajoutez une bougie bleu clair, qui symbolise la confiance et la vérité, et de l'huile essentielle d'encens oliban pour le rituel d'olfactothérapie.

## *Votre rituel d'olfactothérapie*

L'encens oliban ouvre le chakra coronal et facilite donc la connexion aux mondes subtils. Inspirez profondément une dizaine de fois. Ce faisant, visualisez vos intentions pour le mois en les imaginant déjà réalisées.

# JANVIER 2024

LUNDI 15 — ST RÉMI

MARDI 16 — ST MARCEL

MERCREDI 17 — STE ROSELINE

JEUDI 18 — STE PRISCA

VENDREDI 19 — ST MARIUS

SAMEDI 20 — ST SÉBASTIEN/FABIEN

DIMANCHE 21 — STE AGNÈS

## *La Lune cette semaine*

Cette semaine, la Lune est dans son premier quartier, phase transitionnelle avant d'atteindre la Pleine Lune la semaine prochaine.

## FÊTE HINDOUE
## *de Thaipusam*

**La Pleine Lune du 25 janvier (semaine prochaine) correspond à la fête hindoue de Thaipusam, célébrée par le peuple tamoul lors du mois tamoul de Thai.**

Cette fête honore à la fois la naissance de Skanda (appelé aussi Murugan), plus jeune fils du Dieu Shiva et de sa femme Parvati, et le jour où cette dernière fournit à son fils l'arme qui l'aida à vaincre le démon Surapadman.

### *Votre rituel : lait d'or à boire sur son de sitar*

Le lait d'or au curcuma, ou Golden Milk, est un remède de la médecine ayurvédique.

Préparez une tasse, et posez-la sur une représentation du Dieu Murugan (par exemple une image imprimée). Mettez du son de sitar en arrière-plan.

Faites chauffer 250 ml de lait de coco avec 1 cuil à café de curcuma en poudre et 1 grosse pincée de poivre noir fraîchement moulu. Homogénéisez au mixeur plongeant, puis, hors du feu, ajoutez 1 cuil à café de miel si vous le souhaitez. Versez dans la tasse et buvez lentement.

# JANVIER 2024

LUNDI 22 — ST VINCENT

MARDI 23 — ST BARNARD

MERCREDI 24 — ST FRANÇOIS DE SALES

JEUDI 25 — CONV. DE ST PAUL

Pleine Lune

VENDREDI 26 — STE PAULE/PAULINE

SAMEDI 27 — STE ANGÈLE

DIMANCHE 28 — ST THOMAS D'AQUIN

## *La Lune cette semaine*

La Pleine Lune de la Contemplation en Lion aura lieu le 25 janvier à 18 h 53. Cette Micro Lune sera à 399 076 km de la Terre. Elle libérera de nouvelles énergies qui nous donneront l'envie de nous épanouir et de rassembler les gens autour de nous.

## PLEINE LUNE
## *de la Contemplation*

**Nous célébrons la Micro Lune de la Contemplation le 25 janvier. Le même jour, nous fêtons Artémis, membre de la Triade lunaire (avec Séléné et Hécate).**

Si la fonction d'Artémis est la chasse, elle est aussi déesse de la chasteté, de la Nature sauvage et de la Lune, comme en témoigne le symbole de croissant de lune qui orne son front.

Artémis est farouche envers les hommes, vierge éternelle et protectrice de la vie féminine. Son culte est lié aux grandes étapes de la vie de la Femme : naissance, puberté, mariage, grossesse, accouchement, mort. Comme la Lune, elle apporte la lumière dans l'obscurité.

### *Votre rituel : mandala en l'honneur d'Artémis*

Rassemblez des éléments naturels (branches, fleurs séchées, pommes de pin...). Allumez une bougie pour symboliser la lumière qu'apporte Artémis.

Tout autour, disposez en cercle les éléments naturels de façon symétrique et harmonieuse, en visualisant le croissant de lune qui symbolise Artémis.

Laissez en place autant de temps que vous jugerez nécessaire.

# *Calendrier lunaire du mois*

| | | | | | |
|---|---|---|---|---|---|
| LUN | JAN 29 | 5 | 12 | 19 | 26 |
| MAR | 30 | 6 | 13 | 20 | 27 |
| MER | 31 | 7 | 14 | 21 | 28 |
| JEU | 1 | 8 | 15 | 22 | 29 |
| VEN | 2 | *nouvelle lune* 9 | 16 | 23 | MARS 1 |
| SAM | 3 | 10 | 17 | 24 *pleine lune* | 2 |
| DIM | 4 | 11 | 18 | 25 | 3 |

# FÉVRIER 2024

MES NOTES

# FÉVRIER 2024

LUNDI
29
JAN.
ST GILDAS

MARDI
30
JAN.
STE MARTINE

MERCREDI
31
JAN.
STE MARCELLE

JEUDI
1ER
STE ELLA

VENDREDI
2
ST J. THÉOPHANE

SAMEDI
3
ST BLAISE

DIMANCHE
4
STE VÉRONIQUE

## *La Lune cette semaine*

Cette semaine, la Lune est dans son dernier quartier, phase transitionnelle avant d'atteindre la Nouvelle Lune la semaine prochaine.

## ARCHÉTYPE FÉMININ
## *de l'Enchanteresse*

L'Enchanteresse, également appelée l'Amoureuse ou la Grand-Mère, est reliée à la Lune décroissante. Ses énergies sont la beauté et l'éros.

Elle est en lien avec l'automne, temps du bilan, de la vérité et de l'introspection. Cet archétype correspond aussi à la phase post-ovulatoire (phase lutéale) du cycle féminin. L'Enchanteresse est dotée d'une énergie créatrice fougueuse et d'une formidable et débordante créativité.

Emblème du féminin sacré, elle promeut la beauté des corps et l'harmonie. Elle est passionnée, séductrice, sensuelle et généreuse, mais peut aussi être déconnectée de ses propres besoins et émotionnellement détachée.

### *Votre rituel : diffusion pour la sensualité et la séduction*

Mélangez à parts égales de l'essence d'orange douce, de l'huile essentielle de gingembre et de l'huile essentielle de patchouli. Diffusez quelques gouttes de ce mélange dans un diffuseur-humidificateur lors d'un rendez-vous galant ou d'une soirée romantique… et laissez la magie opérer !

# FÉVRIER 2024

LUNDI
5
STE AGATHE

MARDI
6
ST GASTON

MERCREDI
7
STE EUGÉNIE

JEUDI
8
STE JACQUELINE

VENDREDI
9
NOUVEL AN LUNAIRE
STE APOLLINE

*Nouvelle Lune*

SAMEDI
10
ST ARNAUD

DIMANCHE
11
N. ▯ D. DE LOURDES

## *La Lune cette semaine*

La Nouvelle Lune de la Neige profonde en Verseau aura lieu le 9 février à 23 h 59. Elle dégagera une puissante énergie de transformation, nous libérant de ce qui nous oppresse et nous empêche d'avancer. Ce sentiment de liberté et de renouveau sera l'occasion rêvée d'éveiller notre créativité et de laisser la voie libre à de nouvelles possibilités.

# NOUVELLE LUNE
## *de la Neige Profonde*
**REPOS, PURIFICATION**

Cette Lune nous invite au repos et à la purification. Elle favorise la régénération et nous aide à nous débarrasser de ce qui n'a plus lieu d'être. Cette lunaison sera aussi celle du Nouvel An chinois (le 10 février cette année), qui entame l'année du Dragon de bois.

## *Votre autel de Nouvelle Lune*

Sur votre autel, réunissez les éléments totems associés à cette lunaison : une représentation de l'esprit de l'Oie des neiges ou du Lapin (dessin, photo, figurine...), une obsidienne et une petite statuette en bois représentant un dragon. Oie des neiges nous aide à voir loin au-delà de l'horizon. L'obsidienne, puissante pierre de protection, nous aide à nous centrer et à nous ancrer Ajoutez une bougie jaune, couleur symbolisant la pensée positive, la force et la guérison, ainsi que de l'huile essentielle de myrrhe (associée à l'obsidienne) pour le rituel d'olfactothérapie.

## *Votre rituel d'olfactothérapie*

La myrrhe ouvre notre chakra coronal. Inspirez profondément une dizaine de fois. Visualisez vos intentions pour le mois en les imaginant déjà réalisées.

# FÉVRIER 2024

LUNDI ST FÉLIX
12

MARDI STE BÉATRICE
13

MERCREDI ST VALENTIN
14

JEUDI ST CLAUDE
15

VENDREDI STE JULIENNE
16

SAMEDI ST ALEXIS
17

DIMANCHE STE BERNADETTE
18

## *La Lune cette semaine*

Cette semaine, la Lune est dans son premier quartier, phase transitionnelle avant d'atteindre la Pleine Lune la semaine prochaine.

## IXCHEL, DÉESSE MAYA
## *de la Lune et de l'eau*

**En Amérique centrale, Ixchel est une déesse-mère maya associée à la Lune et à l'eau sous toutes ses formes. Ainsi, c'est une protectrice des femmes : elle amène la fertilité par l'eau, et la guérison.**

Appelée aussi Déesse Arc-en-ciel, elle est aimante et puissante, et incite à l'amour et au respect. On la représente souvent avec un lapin, qui symbolise la fertilité et le temps. Elle est aussi la patronne des chamanes.

### *Votre rituel : chocolat chaud pimenté des Mayas*

Faites chauffer 250 ml de lait animal ou végétal avec 10 g de chocolat noir, 1 cuil. à café de cacao amer non sucré et 1 pointe de couteau de piment de Cayenne en poudre. Faites mousser avec un mixeur plongeant et versez dans une tasse (ornée d'un lapin, c'est encore mieux !).

Buvez lentement en visualisant l'eau contenue dans le lait vous inonder de sa propension à faire venir la fertilité, et le cacao vous aider, lui, à bénéficier du repos maximum, dans le thème de cette lunaison.

# FÉVRIER 2024

LUNDI
19
ST GABIN

MARDI
20
STE AIMÉE

MERCREDI
21
ST PIERRE DAMIEN

JEUDI
22
STE ISABELLE

VENDREDI
23
ST LAZARE

SAMEDI
24
ST MODESTE

*Pleine Lune*

DIMANCHE
25
ST ROMÉO

## *La Lune cette semaine*

La Pleine Lune de la Neige profonde en Vierge aura lieu le 24 février à 13 h 30. Elle nous aide à contrôler nos émotions et, par extension, à être organisé(e) et méthodique. Ses énergies nous permettent d'appréhender la dimension spirituelle de l'être humain.

## PLEINE LUNE
## *de la Neige Profonde*

**Cette lunaison de février est l'occasion de s'accorder un repos bien mérité, comme le font les animaux qui hibernent. C'est aussi un temps de purification, doublée de la guérison favorisée par Ixchel (voir semaine précédente).**

Animal-totem de la Lune de la Neige profonde, également lié à Ixchel, Lapin trouve la force d'affronter qui il est et ses peurs, notamment celle de la mort. Il peut ainsi expérimenter la beauté mystérieuse de la vie et la douceur de vivre, s'aimer et aimer les autres en toute liberté.

### *Votre rituel : connexion à Ixchel et à Lapin*

Le matin, placez une labradorite arc-en-ciel ou une obsidienne arc-en-ciel dans de l'eau. Exposez le récipient derrière une fenêtre pour qu'il reçoive l'énergie de la Pleine Lune qui aura lieu à 13 h 30 (et cela même si elle n'est pas visible). Le soir, prenez la pierre dans votre main, puis buvez lentement l'eau de gemme en pensant aux qualités de Lapin et en imaginant de la lumière arc-en-ciel inonder votre corps et votre âme.

# FÉVRIER 2024

LUNDI
26
ST NESTOR

MARDI
27
STE HONORINE

MERCREDI
28
ST ROMAIN

JEUDI
29
ST AUGUSTE

VENDREDI
1ER
MARS
ST AUBIN

SAMEDI
2
MARS
ST CHARLES LE BON

DIMANCHE
3
MARS
ST GUÉNOLÉ

## *La Lune cette semaine*

Cette semaine, la Lune est dans son dernier quartier, phase transitionnelle avant d'atteindre la Nouvelle Lune la semaine prochaine.

# BAIN ET VAPEURS
## *de purification Corps et Âme*

**Pour terminer cette lunaison dédiée au repos et à la purification, l'eau est à l'honneur sous sa forme liquide (bain) et de vapeur.**

La purification prodiguée par ce bain va s'opérer au niveau de vos corps physique, psychique, émotionnel et spirituel.

Placez les ingrédients suivants dans votre baignoire avec une intention de nettoyage et de purification profonde : du cristal de roche, un petit verre de sel de la Mer Morte, 1 petit verre de romarin frais ou séché, 1 petit verre de laurier frais ou séché, 2 gouttes d'huile essentielle de menthe poivrée. Faites couler un bain bien chaud sur ces ingrédients.

Disposez quelques bougies blanches tout autour de la baignoire et allumez-les avant de vous glisser dans l'eau. Inspirez longuement les vapeurs qui en émanent, chargées en principes guérisseurs et en énergie purificatrice, en visualisant le nettoyage intérieur qu'elles permettent.

# Calendrier lunaire du mois

| | | | | | |
|---|---|---|---|---|---|
| LUN | FÉV. 26 | 4 | 11 | 18 | 25 *pleine lune* |
| MAR | 27 | 5 | 12 | 19 | 26 |
| MER | 28 | 6 | 13 | 20 | 27 |
| JEU | 29 | 7 | 14 | 21 | 28 |
| VEN | 1 | 8 | 15 | 22 | 29 |
| SAM | 2 | 9 | 16 | 23 | 30 |
| DIM | 3 | *nouvelle lune* 10 | 17 | 24 | 31 |

# MARS 2024

MES NOTES

# MARS 2024

LUNDI
4
ST CASIMIR

MARDI
5
STE OLIVE

MERCREDI
6
STE COLETTE

JEUDI
7
STE FÉLICITÉ

VENDREDI
8
ST JEAN DE DIEU

SAMEDI
9
STE FRANÇOISE

DIMANCHE
10
ST VIVIEN

Nouvelle Lune

## *La Lune cette semaine*

La Super Nouvelle Lune des Vents Forts en Poissons aura lieu le 10 mars à 10 h. C'est le moment idéal pour faire le grand ménage dans nos émotions. L'introspection et le lâcher-prise seront les maîtres mots de cette Nouvelle Lune, afin de nous alléger avant le printemps.

# NOUVELLE LUNE des Vents Forts

**MÉNAGE DE PRINTEMPS, CLARIFICATION**

**Cette Lune nous amène à faire un grand ménage de printemps. Les vents, symbolisés par cette lunaison, balayent tout le superflu sur leur passage.**

## Votre autel de Nouvelle Lune

Sur votre autel, réunissez 3 éléments totems de cette lunaison (animal, minéral et végétal) : une représentation de l'esprit de Papillon et/ou d'Aigle (dessin, photo, figurine…), et une azurite. Papillon nous apprend à accueillir le changement et la transformation. L'azurite stimule les capacités psychiques et les capacités de guérison. Ajoutez une bougie blanche, couleur qui symbolise la lumière, la purification et la protection, ainsi que de l'huile essentielle de citron, pour le rituel d'olfactothérapie.

## Votre rituel d'olfactothérapie

L'huile essentielle de citron nettoie et purifie. Ouvrez le flacon et inspirez profondément une dizaine de fois. Visualisez vos intentions pour le mois en les imaginant déjà réalisées.

# MARS 2024

LUNDI
11
STE ROSINE

MARDI
12
STE JUSTINE

MERCREDI
13
ST RODRIGUE

JEUDI
14
STE MATHILDE

VENDREDI
15
STE LOUISE

SAMEDI
16
STE BÉNÉDICTE

DIMANCHE
17
ST PATRICE

## *La Lune cette semaine*

Cette semaine, la Lune est dans son premier quartier, phase transitionnelle avant d'atteindre la Pleine Lune le 25 mars prochain.

# FUMIGATION *nettoyante pour la maison*

**Cette lunaison est l'occasion idéale de nettoyer énergétiquement votre lieu de vie.**

Avant de commencer, formulez vos intentions à voix haute (« *Je nettoie mon habitat et j'en élève les vibrations.* ») et maintenez-les présentes dans votre conscience tout au long du rituel. Visualisez l'énergie négative se dissoudre et être remplacée par de l'énergie positive.

Allumez un bâton de sauge ou du palo santo, puis secouez-le légèrement pour éteindre la flamme qui laissera place à une braise se consumant lentement. Placez-le sur un abalone (coquille d'ormeau) pour recueillir les cendres.

Déplacez-vous dans la pièce en dispersant la fumée le long des murs et dans chaque coin avec une plume ou un éventail de fumigation.

Ouvrez ensuite la fenêtre 15 min pour évacuer la fumée et les énergies non désirées (et éviter tout risque d'intoxication ou d'irritation broncho-pulmonaire).

Votre espace est prêt pour la prière, la méditation, le travail spirituel ou sacré, ou simplement nettoyé pour accueillir la vie quotidienne. N'oubliez pas de remercier le Créateur, le Grand Esprit ou l'Univers.

LUNDI
18
ST CYRILLE

MARDI
19
ST JOSEPH

MERCREDI
20
ST HERBERT

JEUDI
21
STE CLÉMENCE

VENDREDI
22
STE LÉA

SAMEDI
23
ST VICTORIEN

DIMANCHE
24
STE CATHERINE DE SUÈDE

## *La Lune cette semaine*

Cette semaine, la Lune est dans son premier quartier, phase transitionnelle avant d'atteindre la Pleine Lune la semaine prochaine.

# FÊTE D'OSTARA

## *et équinoxe de printemps*

**Ostara, 2e fête païenne de l'année, aura lieu lors de l'équinoxe de printemps, le 20 mars à 4 h 06.**

Ostara célèbre l'allongement des jours et le retour de la lumière et des beaux jours, le réveil de la nature. La sève recommence à circuler activement dans les arbres, et nous sentons en miroir une nouvelle énergie nous inonder et nous ramener à la vie.

## *Votre rituel : fleur de lune d'Ostara*

Achetez en jardinerie un *Spathiphyllum*, appelé également Fleur de lune. Procurez-vous aussi un joli pot, idéalement blanc (couleur de la lune) et du terreau.

Le 20 mars, versez un peu de terreau au fond du pot, puis déposez une pierre de lune (éventuellement dynamisée à la lumière lunaire lors de la précédente Pleine Lune).

Sortez la motte de son pot d'origine et déposez-la sur la pierre. Comblez les vides avec du terreau.

Ce faisant, visualisez l'énergie de la lune venir nimber votre nouvelle plante.

Terminez en arrosant (possiblement avec de l'eau lunaire conservée de la précédente Pleine Lune).

# MARS 2024

LUNDI | ST HUMBERT
25

Pleine Lune

MARDI | STE LARISSA
26

MERCREDI | ST HABIB
27

JEUDI | ST GONTRAN
28

VENDREDI | STE GWLADYS
29

SAMEDI | ST AMÉDÉE
30

DIMANCHE | ST BENJAMIN
31

## *La Lune cette semaine*

La Pleine Lune des Vents Forts en Balance aura lieu le 25 mars à 9 h. Cette Micro Lune se situera à 405 688 km de la Terre et aura lieu un lundi, jour de la Lune. Elle nous signale une période d'équilibre et de paix propice à retrouver l'harmonie relationnelle, notamment par la réconciliation et le pardon.

# PLEINE LUNE des Vents Forts

**Nous célébrons la Pleine Lune des Vents Forts le 25 mars. Elle sera assortie d'une éclipse lunaire pénombrale à 6 h 48.**

Les éclipses lunaires ont toujours lieu pendant les pleines lunes. S'il est possible que la Lune prenne de légères teintes cuivrées pendant cette éclipse lunaire, ce n'est qu'en 2025 que nous assisterons à une « Lune cuivrée », appelée aussi « Lune rouge » ou « Lune de sang » (du terme anglais *Blood moon*), à l'occasion d'une éclipse lunaire totale.

Cette Pleine Lune, associée au nettoyage de printemps, vous invite à faire table rase des éléments du passé dont vous voulez vous débarrasser.

## Votre rituel : nettoyage énergétique de l'aura

Mélangez 10 ml d'alcool à 70° avec 8 gouttes de chacune des huiles essentielles suivantes : menthe poivrée, laurier noble et citron jaune. Secouez puis pulvérisez autour de vous, en visualisant les différentes couches de votre aura et en disant à voix haute : « *Que cette brume sacrée dynamise et purifie mon aura, afin qu'elle me protège de tout ce que pourrait être négatif ou toxique pour moi.* »

# Calendrier lunaire du mois

| | | | | | |
|---|---|---|---|---|---|
| LUN | 1 | nouvelle lune 8 | 15 | 22 | 29 |
| MAR | 2 | 9 | 16 | 23 | 30 |
| MER | 3 | 10 | 17 | pleine lune 24 | MAI 1 |
| JEU | 4 | 11 | 18 | 25 | 2 |
| VEN | 5 | 12 | 19 | 26 | 3 |
| SAM | 6 | 13 | 20 | 27 | 4 |
| DIM | 7 | 14 | 21 | 28 | 5 |

# AVRIL 2024

MES NOTES

# AVRIL 2024

LUNDI
1ER
ST HUGUES

MARDI
2
STE SANDRINE

MERCREDI
3
ST RICHARD

JEUDI
4
ST ISIDORE

VENDREDI
5
STE IRÈNE

SAMEDI
6
ST MARCELLIN

DIMANCHE
7
ST J.-B. DE LA SALLE

## *La Lune cette semaine*

Cette semaine, la Lune est dans son dernier quartier, phase transitionnelle avant d'atteindre la Nouvelle Lune la semaine prochaine.

## HÉCATE

### *déesse de la Nouvelle Lune*

**Membre de la Triade Lunaire (avec Séléné et Artémis), la déesse grecque Hécate représente la Nouvelle Lune, symbolisant la mort ou la renaissance.**

Déesse de la magie, mystérieuse et aux multiples pouvoirs, elle présente deux aspects opposés : un bienveillant — elle est liée aux cultes de la fertilité —, et un malfaisant — elle suscite les cauchemars et invoque les spectres.

### *Votre rituel : Cocon de la renaissance*

Pour ce rituel, vous allez réaliser un cocon inspiré du rebozo, un tissu mexicain utilisé dans des techniques de resserrage du bassin. Diffusez une musique douce en toile de fond.

Prenez une grande écharpe ou un plaid plié pour en faire un long rectangle plat. Couchez-vous dessus, au milieu, en positionnant le tissu au niveau de votre bassin. Avec votre main droite, attrapez le pan à votre gauche et rabattez-le sur votre ventre en serrant le tissu. Faites de même de l'autre côté.

Nouez les deux pans et profitez de la sensation d'apaisement procurée par le rebozo.

# AVRIL 2024

| | |
|---|---|
| LUNDI 8 | STE JULIE |
| | Nouvelle Lune |
| MARDI 9 | ST GAUTIER |
| MERCREDI 10 | ST FULBERT |
| JEUDI 11 | ST STANISLAS |
| VENDREDI 12 | ST JULES |
| SAMEDI 13 | STE IDA |
| DIMANCHE 14 | ST MAXIME |

## *La Lune cette semaine*

La Nouvelle Lune des Nouveaux Bourgeons en Bélier aura lieu le 8 avril à 20 h 20 (un lundi, jour de la Lune). À l'image de ce signe astrologique fougueux, impulsif et réactif, cette Nouvelle Lune réveillera nos énergies avec vigueur et rechargera nos batteries pour la lunaison à venir.

# NOUVELLE LUNE des Nouveaux Bourgeons

## RECONNEXION À LA NATURE

La Lune Rousse correspond à la lunaison débutant après Pâques (31 mars) ; elle commencera le 8 avril pour terminer le 8 mai.

## *Votre autel de Nouvelle Lune*

Sur votre autel, réunissez les éléments totems de cette lunaison (animal, minéral et végétal) : une représentation de l'esprit de Faucon, une opale de feu et une coupelle contenant du trèfle rouge séché. Faucon nous enseigne la prévoyance, la délibération et l'intention. Symbole d'espoir, tirant ses pouvoirs du Soleil, de la Lune et du Feu, l'opale de feu nous apprend à maîtriser la puissance de la force de vie. Ajoutez une bougie verte, symbolisant la nature, la croissance et l'harmonie, et de l'huile essentielle de gingembre (associée à l'opale de feu), pour le rituel d'olfactothérapie.

## *Votre rituel d'olfactothérapie*

Inspirez profondément l'huile essentielle de gingembre une dizaine de fois. Ce faisant, visualisez vos intentions pour le mois à venir en les imaginant déjà réalisées.

*La Lune Rousse porte ce nom car elle est associée aux gelées tardives faisant roussir les jeunes pousses. Le terme « rousse » ne fait pas référence à sa couleur, mais à celle des végétaux éprouvés par le gel.*

# AVRIL 2024

LUNDI **15** — ST PATERNE

MARDI **16** — ST BENOÎT JOSEPH

MERCREDI **17** — ST ANICET

JEUDI **18** — ST PARFAIT

VENDREDI **19** — STE EMMA

SAMEDI **20** — STE ODETTE

DIMANCHE **21** — ST ANSELME

## *La Lune cette semaine*

Cette semaine, la Lune est dans son premier quartier, phase transitionnelle avant d'atteindre la Pleine Lune la semaine prochaine.

## ARCHÉTYPE FÉMININ

## *de l'Amazone*

**La Lune croissante (c'est le cas cette semaine) est liée à l'archétype de l'Amazone (ou Vierge). Vous êtes invité(e) cette semaine à vous connecter à cet archétype du Féminin Sacré lié à la phase préovulatoire du cycle féminin.**

Gardienne de la santé et du foyer, dotée d'énergies dynamiques, rayonnantes, combatives et enthousiastes, l'Amazone transcende tous les autres archétypes du Féminin et les unit grâce à ses capacités de meneuse.

Détermination, ambition, concentration et efficacité dans le milieu professionnel la caractérisent. Sociable et confiante, elle profite de la vie avec joie et plaisir.

### *Votre rituel : inviter la pétillance des agrumes*

Mélangez 3 gouttes de chacune de ces huiles essentielles : orange douce, bergamote et citron. Diffusez ce mélange dans un diffuseur-humidificateur.

Avec de longues et profondes inspirations et expirations, faites entrer la bonne humeur et la pétillance des agrumes pour revitaliser vos corps physique, psychique, émotionnel et spirituel.

# AVRIL 2024

LUNDI
22
ST ALEXANDRE

MARDI
23
ST GEORGES

MERCREDI
24
ST FIDÈLE

Pleine Lune

JEUDI
25
ST MARC

VENDREDI
26
STE ALIDA

SAMEDI
27
STE ZITA

DIMANCHE
28
STE VALÉRIE

## *La Lune cette semaine*

La Pleine Lune des Nouveaux Bourgeons en Scorpion aura lieu le 24 avril à 1 h 48. Cette Pleine Lune sera plutôt positive et intense ; elle nous invite à nous ouvrir aux forces invisibles de l'inconscient et à nous délester du poids de notre passé.

# PLEINE LUNE
## *des Nouveaux Bourgeons*

Nous célébrons la Pleine Lune des Nouveaux Bourgeons le 24 avril, qui marque la renaissance de la nature après plusieurs mois de repos hivernal.

Tout comme la sève recommence à circuler dans les arbres, sentez l'énergie printanière pulser dans vos veines et vous ramener à la vie. Tel le bourgeon qui se prépare à éclore, sentez que votre énergie vitale s'accumule pour bientôt atteindre un paroxysme.

## *Votre rituel : intégrer l'énergie des bourgeons*

Prévoyez un peu à l'avance d'acheter du macérat de bourgeons de cassis en magasin bio ou parapharmacie. Ce macérat se trouve très facilement et va vous permettre d'intégrer l'énergie vibratoire des bourgeons, qui est très élevée par nature.

Mettez-en 1 goutte sous votre langue, tout en visualisant l'énergie des bourgeons vous inonder. Ensuite, versez 5 gouttes dans un verre d'eau (de lune, si vous en avez), et buvez lentement par petites gorgées, en remerciant mentalement les bourgeons pour leur précieuse énergie vibratoire.

# Calendrier lunaire du mois

| | | | | | |
|---|---|---|---|---|---|
| LUN | 29 | 6 | 13 | 20 | 27 |
| MAR | 30 | 7 | 14 | 21 | 28 |
| MER | 1 | nouvelle lune 8 | 15 | 22 | 29 |
| JEU | 2 | 9 | 16 | pleine lune 23 | 30 |
| VEN | 3 | 10 | 17 | 24 | 31 |
| SAM | 4 | 11 | 18 | 25 | JUIN 1 |
| DIM | 5 | 12 | 19 | 26 | 2 |

# MAI 2024

MES NOTES

# MAI 2024

LUNDI
29
AVRIL
STE CATHERINE DE SIENNE

MARDI
30
AVRIL
ST ROBERT

MERCREDI
1ER
FÊTE DU TRAVAIL

JEUDI
2
ST BORIS

VENDREDI
3
ST JACQUES/PHILIPPE

SAMEDI
4
ST SYLVAIN

DIMANCHE
5
STE JUDITH

## *La Lune cette semaine*

Cette semaine, la Lune est dans son dernier quartier, phase transitionnelle avant d'atteindre la Nouvelle Lune la semaine prochaine.

# BELTANE

## *sabbat de la vitalité et de la floraison*

**Beltane est le 2e sabbat majeur de l'année après Imbolc. Situé à l'opposé de Samhain (dédié aux ténèbres), il honore le printemps à son apogée, la vie, la lumière bien présente.**

Sa célébration se fait autour d'un feu de joie, où l'on chante et danse. C'est aussi l'occasion de bâtir un mât de mai, qui permet de s'adonner à la danse des rubans, dont le rituel suivant s'inspire.

## *Votre rituel : danse autour d'une flamme*

Si vous avez la chance de pouvoir assister à un feu de joie, vous pourrez réaliser ce rituel à ce moment-là, et même le partager avec les autres participants. Sinon, utilisez une bougie, comme une bougie d'extérieur à grosse mèche dans un pot en terre cuite. Procurez-vous un ruban de couleur vive, et ceignez-vous-en la tête ou la taille.

Diffusez une musique joyeuse en toile de fond et dansez autour de votre flamme, tout en chantant si vous le souhaitez, et en laissant entrer en vous les énergies printanières environnantes.

LUNDI 6 — STE PRUDENCE

MARDI 7 — STE GISÈLE

MERCREDI 8 — VICTOIRE DE 1945

*Nouvelle Lune*

JEUDI 9 — ST PACÔME

VENDREDI 10 — STE SOLANGE

SAMEDI 11 — STE ESTELLE

DIMANCHE 12 — ST ACHILLE

## *La Lune cette semaine*

La Nouvelle Lune des Plantations en Taureau aura lieu le 8 mai à 5 h 21. Après la précédente lunaison fougueuse et très énergique, le moment est venu de consacrer du temps à vous reconnecter à vous-même, à vos intuitions et ressentis, tout en ralentissant la cadence.

# NOUVELLE LUNE des Plantations

### ENRACINEMENT

**Cette lunaison nous invite à travailler sur notre enracinement, indispensable pour communiquer avec les mondes subtils. Une connexion avec l'invisible ne peut se faire convenablement si nous ne vivons pas pleinement notre incarnation, notamment par un ancrage solide.**

## *Votre autel de Nouvelle Lune*

Réunissez les totems principaux de cette lunaison : une représentation de l'esprit de Castor, de la citrine et des fleurs de pissenlit. Castor nous enseigne le respect de l'équilibre et des traditions, l'engagement et la productivité. La citrine, liée au chakra du plexus solaire, stabilise les émotions et aide à atteindre ses buts. Ajoutez des feuilles de tabac ailé, associé à la Direction Sacrée du printemps (Est) sur la Roue de Médecine amérindienne. Ajoutez une bougie jaune, couleur qui symbolise la joie et la gaieté, et de l'essence d'orange douce pour le rituel d'olfactothérapie.

## *Votre rituel d'olfactothérapie*

L'orange douce harmonise le chakra du plexus solaire et amène la joie de vivre. Inspirez profondément une dizaine de fois en visualisant vos intentions pour le mois à venir déjà réalisées.

# MAI 2024

| | |
|---|---|
| LUNDI 13 | STE ROLANDE |
| MARDI 14 | ST MATTHIAS |
| MERCREDI 15 | STE DENISE |
| JEUDI 16 | ST HONORÉ |
| VENDREDI 17 | ST PASCAL |
| SAMEDI 18 | ST ÉRIC |
| DIMANCHE 19 | ST YVES |

## *La Lune cette semaine*

Cette semaine, la Lune est dans son premier quartier, phase transitionnelle avant d'atteindre la Pleine Lune la semaine prochaine.

## FÊTE DE BELTANE

### *Arbre de mai*

L'arbre de mai (ou mât de Beltane) symbolise la pleine renaissance de la Nature et l'explosion de sa fécondité. Cette semaine, vous êtes invité(e) à en réaliser un, autour duquel vous effectuerez, avec vos proches, une danse traditionnelle des rubans. Cette danse symbolise la roue de la vie et le cycle des saisons qui s'écoule au fil du temps, dans un éternel recommencement.

En extérieur, trouvez ou érigez solidement dans le sol un grand poteau au sommet duquel vous nouerez plusieurs très longs rubans colorés (de plusieurs mètres de longueur chacun). On peut aussi utiliser un arbre existant de son jardin ou quelque part dans la nature.

Chaque participant(e) ornera sa tête d'une couronne de fleurs fraîches et se parera de mille couleurs.

Diffusez de la musique ou des sons entraînants. Saisissez chacun(e) le bout de l'un des rubans et tournez joyeusement autour, dans une ronde légère pleine d'énergie.

Dans certaines traditions, l'arbre de mai est abattu. Ici, détachez simplement le ruban de votre choix, puis mettez-le en évidence chez vous pour magnifier un élément de votre habitat. Il vous rappellera que la Nature est toujours amenée à renaître.

# MAI 2024

LUNDI ST BERNARDIN
20

MARDI ST CONSTANTIN
21

MERCREDI ST ÉMILE
22

JEUDI ST DIDIER
23

Pleine Lune

VENDREDI ST DONATIEN
24

SAMEDI STE SOPHIE
25

DIMANCHE ST BÉRENGER
26

## *La Lune cette semaine*

La Pleine Lune des Plantations en Sagittaire aura lieu le 23 mai à 15 h 53. Symbole de prospérité et d'abondance, elle amplifie les émotions, la créativité, les envies de voyage, de nouveauté... Empreinte de spiritualité, elle est aussi un moment idéal pour communiquer avec les mondes invisibles (synchronicités, répétition de chiffres, objets retrouvés à des endroits incongrus...).

# PLEINE LUNE des Plantations

Cette lunaison est la plus propice aux plantations, y compris symboliques. C'est le moment idéal pour travailler sur l'ancrage (notre capacité à être en harmonie avec la Terre et la matérialité), pour contrebalancer nos connexions avec les mondes subtils et atteindre un équilibre dans notre posture entre le visible et l'invisible.

## *Votre rituel : méditation d'ancrage en posture de l'arbre*

Diffusez une huile essentielle favorisant l'ancrage (cèdre de l'Atlas, gingembre…). Si vous le souhaitez, diffusez des sons de nature enregistrés dans une forêt.

Adoptez ensuite une position qui, pour vous, représente un arbre. Devenez cet arbre : vos jambes et votre thorax, son tronc ; vos bras et votre tête, ses branches. Tout en prenant plusieurs longues et profondes inspirations et expirations, visualisez votre enracinement progressif dans le sol. Tenez la position pendant quelques minutes. Quand vous sentez que vous avez retiré le maximum de bienfaits de cet exercice, rouvrez les yeux et reprenez votre vie — en conservant les bénéfices de l'ancrage.

# MAI 2024

LUNDI 27 — ST AUGUSTIN

MARDI 28 — ST GERMAIN

MERCREDI 29 — ST AYMAR

JEUDI 30 — ST FERDINAND

VENDREDI 31 — VISITATION

SAMEDI 1ER JUIN — ST JUSTIN

DIMANCHE 2 JUIN — STE BLANDINE

## *La Lune cette semaine*

Cette semaine, la Lune est dans son dernier quartier, phase transitionnelle avant d'atteindre la Nouvelle Lune la semaine prochaine.

## BOISSON D'ANCRAGE

### *au pissenlit*

**Cette semaine, vous êtes invité(e) à travailler sur la symbolique d'ancrage des racines de pissenlit, végétal totem de la Lune des Plantations. Le but est d'intégrer la médecine subtile de la plante en la consommant sous forme de boisson chaude.**

Récoltez, en conscience, plusieurs racines de pissenlit. Ce faisant, remerciez la plante pour son don généreux. Nettoyez-les soigneusement avec une brosse à poils durs, puis détaillez-les en tranches de 1 cm d'épaisseur.

Disposez-les sur une plaque de votre four (sans qu'elles se chevauchent) puis faites-les torréfier à 200 °C. Surveillez le processus : elles doivent être un peu brunies (non brûlées). Ensuite, laissez refroidir. Si vous avez un moulin à café, vous pouvez moudre les tranches torréfiées et les préparer comme pour un café classique. À défaut, faites infuser une ou plusieurs tranches dans de l'eau frémissante, à la façon d'une tisane.

Buvez ensuite en conscience en formulant mentalement : « *Tel le pissenlit solidement enraciné au sol, j'intègre sa Médecine pour amplifier mon ancrage en Terre-Mère, afin de mieux communiquer avec Père-Ciel.* »

# Calendrier lunaire du mois

| | | | | | |
|---|---|---|---|---|---|
| LUN | MAI 27 | 3 | 10 | 17 | 24 |
| MAR | 28 | 4 | 11 | 18 | 25 |
| MER | 29 | 5 | 12 | 19 | 26 |
| JEU | 30 | nouvelle lune 6 | 13 | 20 | 27 |
| VEN | 31 | 7 | 14 | 21 | 28 |
| SAM | 1 | 8 | 15 | pleine lune 22 | 29 |
| DIM | 2 | 9 | 16 | 23 | 30 |

JUIN 2024

MES NOTES

# JUIN 2024

LUNDI 3 — ST KÉVIN

MARDI 4 — STE CLOTILDE

MERCREDI 5 — ST IGOR

JEUDI 6 — ST NORBERT

*Nouvelle Lune*

VENDREDI 7 — ST GILBERT

SAMEDI 8 — ST MÉDARD

DIMANCHE 9 — STE DIANE

## *La Lune cette semaine*

La Nouvelle Lune des Nouvelles Fleurs en Gémeaux aura lieu le 6 juin à 14 h 37. Elle sera placée sous le signe de l'amusement et de la vie sociale. Elle nous poussera à sortir avec nos amis, à rencontrer de nouvelles personnes et à entreprendre de nouveaux projets dans un élan positif.

# NOUVELLE LUNE *des Nouvelles Fleurs*

## DOUCEUR ET BIENVEILLANCE

**La lunaison des Nouvelles Fleurs nous invite à faire entrer la douceur et la bienveillance dans notre vie. La douceur soutient notre Féminin sacré et amène une Énergie maternante universelle dans notre vie, nous rappelant que nous bénéficions d'un Amour inconditionnel, quoi qu'il arrive.**

## *Votre autel de Nouvelle Lune*

Sur votre autel, réunissez les totems principaux de cette lunaison : une représentation de l'esprit de la Biche (dessin, figurine, photo...), de la pierre de Petoskey*, des fleurs (idéalement de pommier, végétal totem de cette lunaison). Biche symbolise la beauté, l'agilité, la grâce et la prospérité. La pierre de Petoskey, pierre de fertilité, aide à équilibrer l'énergie et à calmer les émotions, car elle recèle des ions négatifs, comme l'océan. Ajoutez une bougie rose, couleur qui symbolise la douceur et l'amour de soi, et de l'absolue de jasmin, pour le rituel d'olfactothérapie.

## *Votre rituel d'olfactothérapie*

L'absolue de jasmin favorise l'épanouissement du Féminin sacré. Inspirez profondément une dizaine de fois en visualisant mentalement vos intentions pour le mois à venir déjà réalisées.

LUNDI 10 — ST LANDRY

MARDI 11 — ST BARNABÉ

MERCREDI 12 — ST GUY

JEUDI 13 — ST ANTOINE

VENDREDI 14 — STE ÉLISÉE

SAMEDI 15 — STE GERMAINE

DIMANCHE 16 — ST J.-F. RÉGIS

## La Lune cette semaine

Cette semaine, la Lune est dans son premier quartier, phase transitionnelle avant d'atteindre la Pleine Lune la semaine prochaine.

## MACÉRAT PRÉCIEUX
## *à la pâquerette*

**Cette semaine, vous êtes invité(e) à réaliser un macérat de pâquerettes pour intégrer la puissance des fleurs lors de cette lunaison des Nouvelles Fleurs.**

Dans un endroit éloigné de zones de pollution potentielles (évitez les bords des routes, champs arrosés de pesticides, proximité d'usines...), ramassez des pâquerettes, en conscience, en remerciant (mentalement ou à voix haute) la plante pour sa générosité.

Remplissez un bocal propre et sec avec les fleurs fraîches et sèches (pour éviter les risques de pourrissement), sans tasser. Recouvrez d'huile végétale neutre (tournesol ou olive peu odorante...). Fermez le bocal avec une compresse de gaze dépliée maintenue par un élastique. Exposez aux rayons lunaires et solaires (à l'abri de la pluie) pendant 3 à 4 semaines pour infuser le mélange de leurs énergies. Au bout de ce temps, filtrez avant d'utiliser.

Ce macérat huileux de pâquerettes est idéal pour son effet tenseur de la peau du visage et du buste et améliore le teint. La pâquerette vous offre ce moment de détente fleuri et de reconnexion à vous-même, plein de douceur et de bienveillance.

LUNDI
17
ST HERVÉ

MARDI
18
ST LÉONCE

MERCREDI
19
ST ROMUALD

JEUDI
20
ST SILVÈRE

VENDREDI
21
ST RODOLPHE

SAMEDI
22
ST ALBAN

Pleine Lune

DIMANCHE
23
STE AUDREY

## *La Lune cette semaine*

La Pleine Lune des Nouvelles Fleurs en Capricorne aura lieu le 22 juin à 3 h 07. Elle se caractérise par un croisement d'énergies de conclusion et de recommencement. Profitez-en pour faire le point sur vos objectifs de vie. N'hésitez pas à entreprendre plusieurs projets à la fois : le succès sera au rendez-vous !

# PLEINE LUNE
## des Nouvelles Fleurs

**La Pleine Lune des Nouvelles Fleurs est liée à l'apogée du soleil, lors du solstice d'été. C'est le moment idéal pour laisser s'épanouir les projets qui vous tiennent à cœur ou enclencher des actions qui leur permettront de voir le jour. C'est aussi le moment idéal pour laisser fleurir votre Féminité sacrée.**

## *Votre rituel : baume « l'idée d'une rose »*

Dans un petit pot en verre de 50 ml, placez un petit quartz rose (pour la douleur, la bienveillance et l'amour de soi) préalablement nettoyé par fumigation ou sur une fleur de vie.

Au bain-marie, faites fondre 5,5 g de cire naturelle (abeille ou autre) dans 30 ml d'huile de rose musquée. Une fois la cire fondue, ôtez-la du bain-marie et versez-y 20 gouttes de chaque huile essentielle suivante : géranium rosat, palmarosa (sauf si vous êtes enceinte) et feuille de bois de rose. Mélangez rapidement pour éviter que la cire ne commence à figer, puis versez dans le pot contenant le quartz rose.

Laissez le baume refroidir et durcir, puis utilisez-le en onction sur le chakra du cœur (situé entre les deux seins), lorsque vous avez besoin de réconfort, de douceur et de bienveillance.

*Litha aura lieu lors du solstice d'été, le 20 juin à 22 h 50.*

LUNDI 24 — ST JEAN-BAPTISTE

MARDI 25 — ST PROSPER

MERCREDI 26 — ST ANTHELME

JEUDI 27 — ST FERNAND

VENDREDI 28 — ST IRÉNÉE

SAMEDI 29 — ST PIERRE, ST PAUL

DIMANCHE 30 — ST MARTIAL

## *La Lune cette semaine*

La Pleine Lune des Nouvelles Fleurs en Capricorne aura lieu le 22 juin à 3 h 07. Elle sera caractérisée par un croisement d'énergies de conclusion et de recommencement. N'hésitez pas à entreprendre plusieurs projets à la fois : le succès sera au rendez-vous ! Profitez-en pour faire le point sur vos objectifs de vie.

## BAIN DE FLEURS

### *pour la douceur et la bienveillance*

**Cette semaine est idéale pour profiter d'un bain de fleurs de jardin (calendula, zinnia, tagète, camomille, capucine, phlox, pois de senteur…) ou des champs (bleuet, coquelicot, pâquerette, pissenlit, mauve, chicorée…) fraîchement cueillies. (Veillez à les récolter dans des zones exemptes de pollution.)**

Cueillez-les en conscience et en pensant à remercier (mentalement ou à voix haute) les plantes pour leur générosité.

Une fois de retour chez vous, faites couler un bain (cela peut être un bain de pieds) et jetez-y, avec une joie d'enfant, toutes vos fleurs fraîchement ramassées. Vous pouvez aussi, si vous le souhaitez, ajouter du sel rose de l'Himalaya qui a pour vertu d'améliorer l'amour de soi et la tolérance envers soi-même. En fond sonore, diffusez des chants d'oiseaux, accompagnés éventuellement de bruits de cascade.

Fermez les yeux et profitez de cette bulle fleurie de douceur et de bienveillance envers vous-même.

Une fois le bain terminé, récupérez les fleurs et déposez-les dans la nature en leur témoignant de la gratitude.

# Calendrier lunaire du mois

| | | | | | |
|---|---|---|---|---|---|
| LUN | 1 | 8 | 15 | 22 | 29 |
| MAR | 2 | 9 | 16 | 23 | 30 |
| MER | 3 | 10 | 17 | 24 | 31 |
| JEU | 4 | 11 | 18 | 25 | AOÛT 1 |
| VEN | 5 | 12 | 19 | 26 | 2 |
| SAM | nouvelle lune 6 | 13 | 20 | 27 | 3 |
| DIM | 7 | 14 | pleine lune 21 | 28 | nouvelle lune 4 |

# JUILLET 2024

MES NOTES

# JUILLET 2024

LUNDI
1ER
ST THIERRY

MARDI
2
ST MARTINIEN

MERCREDI
3
ST THOMAS

JEUDI
4
ST FLORENT

VENDREDI
5
ST ANTOINE-MARIE

SAMEDI
6
STE MARIETTE
Nouvelle Lune

DIMANCHE
7
ST RAOUL

## *La Lune cette semaine*

La Nouvelle Lune du Soleil Brûlant en Cancer aura lieu le 6 juillet à 0 h 57. Liée à l'attachement à nos racines, notre famille, aux sentiments de sécurité et d'affection, elle remue les histoires de nos ancêtres, héritages transgénérationnels qui impactent notre vie. Mais elle annonce aussi un mois très équilibré entre nos vies physique, spirituelle et émotionnelle.

# NOUVELLE LUNE
## *du Soleil Brûlant*
### BULLE DE PROTECTION

**Cette lunaison nous invite à travailler sur notre bulle de protection, pour empêcher le négatif de nous nuire, tout en laissant entrer le positif. C'est un acte spirituel indispensable lorsque l'on souhaite éveiller sa conscience.**

## *Votre autel de Nouvelle Lune*

Réunissez les totems principaux de cette lunaison : une représentation de l'esprit de Loutre, du quartz rose et des roses (fraîches, sèches ou sous forme de boutons). Loutre nous enseigne à vivre notre vie avec passion, à vivre le moment présent. Le quartz rose, lié au chakra du cœur, encourage la libération des émotions, la compréhension ; il promeut le renouveau et nous enseigne l'Amour inconditionnel, le pardon, la romance. Ajoutez une bougie marron, couleur qui symbolise la protection et le réconfort, et de l'huile essentielle de laurier noble, pour le rituel d'olfactothérapie.

## *Votre rituel d'olfactothérapie*

L'huile essentielle de laurier noble harmonise le chakra de la gorge, et redonne confiance en soi pour repousser le négatif. Inspirez profondément une dizaine de fois, en visualisant vos intentions pour le mois à venir déjà réalisées.

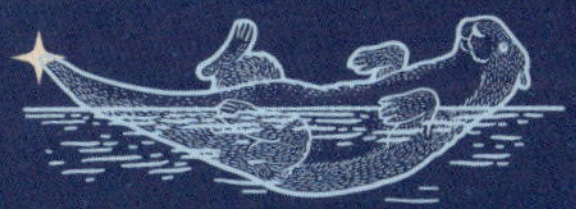

# JUILLET 2024

LUNDI
8
ST THIBAUT

MARDI
9
STE AMANDINE

MERCREDI
10
ST ULRICH

JEUDI
11
ST BENOÎT

VENDREDI
12
ST OLIVIER

SAMEDI
13
ST HENRI, ST JOËL

DIMANCHE
14
ST/STE CAMILLE

## *La Lune cette semaine*

Cette semaine, la Lune est dans son premier quartier, phase transitionnelle avant d'atteindre la Pleine Lune la semaine prochaine.

# AMULETTE *de protection*

**Cette semaine, vous êtes invité(e) à réaliser votre propre amulette de protection.**

Procurez-vous une pochette en organza blanc.

Remplissez-la avec du basilic (qui protège de l'énergie négative des autres), du bois de sorbier (qui protège contre la sorcellerie et les enchantements) et du laurier noble (plante de protection et de divination).

Ajoutez une petite labradorite (qui protège des émotions envahissantes des autres) ainsi qu'un œil-de-tigre (puissante pierre de protection). Ce faisant, centrez-vous sur l'intention de protection que vous souhaitez à travers cette amulette.

Allumez une bougie bleue (couleur qui apporte la protection, favorise la chance et la force) et consacrez votre amulette en la passant au-dessus de la flamme, tout en visualisant sa purification.

Glissez-la amulette dans une de vos poches ou dans votre sac à main quand vous ressentez un besoin de protection. Pendant la nuit, placez-la sur votre table de chevet.

# JUILLET 2024

LUNDI 15 — ST DONALD

MARDI 16 — NOTRE-DAME DU MONT-CARMEL

MERCREDI 17 — STE CHARLOTTE

JEUDI 18 — ST FRÉDÉRIC

VENDREDI 19 — ST ARSÈNE

SAMEDI 20 — STE MARINA

DIMANCHE 21 — ST VICTOR

*Pleine Lune*

## *La Lune cette semaine*

La Pleine Lune du Soleil Brûlant en Capricorne aura lieu le 21 juillet à 12 h 17. Elle nous pousse à l'accomplissement et à la discipline : c'est le moment idéal pour attaquer la dernière étape d'un projet qui traîne en longueur, prendre des décisions concrètes, assumer ses responsabilités...

# PLEINE LUNE
## *du Soleil Brûlant*

Cette période d'énergies positives est le bon moment pour vous débarrasser de vos énergies et émotions négatives. Pour cela, vous êtes invité(e) à réaliser une grille de cristaux de protection pour vos différents corps (physique et subtil).

## *Votre rituel : grille de cristaux de protection*

Procurez-vous une fleur de vie (symbolisée sur une plaque de bois, sur un tissu ou simplement imprimée sur une feuille blanche). Placez-la à l'endroit où vous souhaitez qu'elle émette sa bulle de protection : près de la porte d'entrée, sous votre lit, sur votre autel, dans votre salle à manger...

Commencez à installer vos cristaux sur la fleur de vie. À chaque étape du processus, restez centré(e) et rempli(e) de l'intention avec laquelle vous établissez cette grille.

Au centre, placez une grosse labradorite. Autour d'elle, de façon symétrique et harmonieuse, disposez en cercle 6 cristaux œil-de-tigre. Puis, vers l'extérieur, réalisez un dernier cercle avec 12 petits cristaux de roche.

Visualisez la bulle de protection qui émane de votre grille de cristaux et laissez-la aussi longtemps que vous le penserez nécessaire.

# JUILLET 2024

LUNDI 22 — STE MARIE-MADELEINE

MARDI 23 — STE BRIGITTE

MERCREDI 24 — STE CHRISTINE

JEUDI 25 — ST JACQUES LE MAJEUR

VENDREDI 26 — STE ANNE/JOACHIM

SAMEDI 27 — STE NATHALIE

DIMANCHE 28 — ST SAMSON

## *La Lune cette semaine*

Cette semaine, la Lune est dans son dernier quartier, phase transitionnelle avant d'atteindre la Nouvelle Lune la semaine prochaine.

# BAIN de protection

Cette semaine, vous êtes invité(e) à réaliser un bain de protection (cela peut être un bain de pieds). Il vous aidera à vous renforcer au niveau psychique et à vous prémunir d'éventuelles attaques de toutes sortes : physiques, mentales, spirituelles, psychiques ou émotionnelles.

Préparez votre bain avec la certitude qu'il vous armera d'une solide coque de protection. Dans l'eau bien chaude, versez 1 petit verre de sel rouge d'Hawaï, 2 gouttes d'huile essentielle d'encens oliban, 1 petit verre de romarin frais ou séché, 1 petit verre de laurier noble frais ou séché, de la labradorite.

Disposez autour de la baignoire quelques bougies bleu clair (couleur qui symbolise la santé, la sérénité, la sagesse et la guérison) que vous allumerez avant d'y entrer.

Une fois immergée, visualisez la puissante aura protectrice émise par cette eau renforcée de tous ces éléments protecteurs. Soyez convaincu(e) que ce bain vous prémunira de tout type attaque, de quelque nature qu'elle soit, et d'où qu'elle puisse provenir. Vous êtes protégé(e), quoi qu'il arrive, où que vous soyez, peu importe l'état de conscience que vous expérimentez à chaque instant.

# Calendrier lunaire du mois

| | | | | | |
|---|---|---|---|---|---|
| LUN | JUIL 29 | 5 | 12 | 19 pleine lune | 26 |
| MAR | 30 | 6 | 13 | 20 | 27 |
| MER | 31 | 7 | 14 | 21 | 28 |
| JEU | 1 | 8 | 15 | 22 | 29 |
| VEN | 2 | 9 | 16 | 23 | 30 |
| SAM | 3 | 10 | 17 | 24 | 31 |
| DIM | nouvelle lune 4 | 11 | 18 | 25 | 1 |

AOÛT 2024
MES NOTES

# AOÛT 2024

LUNDI 29 JUIL. — STE MARTHE

MARDI 30 JUIL. — STE JULIETTE

MERCREDI 31 JUIL. — ST IGNACE DE LOYOLA

JEUDI 1ER — ST ALPHONSE

VENDREDI 2 — ST JULIEN

SAMEDI 3 — STE LYDIE

DIMANCHE 4 — ST J.-M. VIANNEY

Nouvelle Lune

## *La Lune cette semaine*

La Nouvelle Lune des Vents Chauds en Lion aura lieu le 4 août à 13 h 13. Elle nous incitera à nous recentrer sur nous-même dans l'énergie et l'enthousiasme, car le Lion incarne la puissance. Nous nous sentirons gonflé(e) de fierté et dans le désir de tout contrôler… et nous devrons justement nous souvenir que c'est impossible !

# NOUVELLE LUNE
# *des Vents Chauds*

### ACCOMPLISSEMENT

Cette lunaison nous invite à tendre vers l'accomplissement de nos projets et de notre Être. C'est le moment où nous voyons nos projets entrer en phase finale, nécessitant éventuellement un petit coup de pouce de notre part pour pleinement arriver à leur terme.

## *Votre autel de Nouvelle Lune*

Réunissez les totems principaux de cette lunaison : une représentation de l'esprit d'Esturgeon, de la cornaline, des framboises (fraîches, séchées ou sous forme d'huile issue des graines). Esturgeon nous enseigne la persévérance, la force et la survie. La cornaline, liée au chakra sacré, associée au cœur et à la guérison émotionnelle, est réconfortante. Son feu nous procure courage et stabilité. Ajoutez une bougie noire, couleur qui symbolise l'accomplissement, la complétude et la perfection, et de l'huile essentielle de bergamote, pour le rituel d'olfactothérapie.

## *Votre rituel d'olfactothérapie*

L'huile essentielle de bergamote favorise la pétillance de la vie et met dans les meilleures dispositions pour l'accomplissement. Inspirez profondément une dizaine de fois, en visualisant vos intentions pour le mois à venir déjà réalisées.

# AOÛT 2024

LUNDI
5
ST ABEL

MARDI
6
ST OCTAVIEN

MERCREDI
7
ST GAÉTAN

JEUDI
8
ST DOMINIQUE

VENDREDI
9
ST AMOUR

SAMEDI
10
ST LAURENT

DIMANCHE
11
STE CLAIRE

## *La Lune cette semaine*

Cette semaine, la Lune est dans son premier quartier, phase transitionnelle avant d'atteindre la Pleine Lune.

## VÉNUS

### *astre de la Féminité*

**Si la Lune est l'astre féminin par excellence, il est une autre planète importante pour la femme : Vénus. Seule planète du système solaire à tourner dans le sens inverse aux autres, elle est appelée également « l'étoile du berger » ou « l'étoile du matin ». Elle a aussi donné son nom au jour vendredi.**

Vénus est un symbole de féminité. Planète de l'amour, elle est représentée par Aphrodite, déesse de l'amour, de la beauté et de l'harmonie. Les sentiments sont exacerbés sous son énergie empreinte de sensibilité et de sensualité, provenant respectivement des signes de la Balance et du Taureau qu'elle gouverne. Elle nous rattache aussi à la sphère du confort, du bien-être et de l'épanouissement.

### *Votre rituel : célébration de la Beauté*

Comme chaque planète, Vénus est associée à un métal : le cuivre. Dans votre crème de nuit, ajoutez une pointe de couteau de poudre pailletée alimentaire cuivrée, avant de l'appliquer en visualisant que vous intégrez ainsi la beauté de Vénus.

# AOÛT 2024

LUNDI 12 — STE J.-F. DE CHANTAL

MARDI 13 — ST HIPPOLYTE

MERCREDI 14 — ST ÉVRARD

JEUDI 15 — ASSOMPTION

VENDREDI 16 — ST ARMEL

SAMEDI 17 — ST HYACINTHE

DIMANCHE 18 — STE HÉLÈNE

## *La Lune cette semaine*

Cette semaine, la Lune est dans son premier quartier, phase transitionnelle avant d'atteindre la Pleine Lune la semaine prochaine.

## LA PIVOINE

### *fleur de la Lune et de la beauté*

La pivoine, appelée aussi lounaria, est considérée comme une plante de la Lune. Selon certaines croyances, sa cueillette nécessitait un rituel bien précis mis en œuvre pendant la nuit de la Pleine Lune, notamment dans l'Antiquité grecque par les herboristes de Théophraste, mais aussi au Japon et en Chine.

Là-bas, la pivoine est appelée « reine des fleurs » et incarne la beauté féminine. Les femmes y préparent d'ailleurs des tisanes de racines de pivoine suffruticosa (*Mu dan pi*) ou de pivoine blanche (*Bai shao yao*) pour soulager le syndrome prémenstruel ou les symptômes de la ménopause.

### *Votre rituel : masque d'accomplissement de soi*

Pour célébrer à la fois votre beauté et la pivoine en tant que symbole lunaire, mélangez 2 cuil. à soupe d'argile rose avec 2 cuil. à soupe de poudre de racine de pivoine officinale (*Paeonia officinalis*). Diluez avec de l'hydrolat de rose jusqu'à obtenir la consistance d'une pâte à crêpes épaisse. Appliquez sur votre visage et recouvrez d'un linge fin humide et chaud. Laissez poser 20 min. Pendant ce temps, visualisez la Médecine de la pivoine vous magnifier par l'intermédiaire de l'énergie de la Lune.

# AOÛT 2024

LUNDI
19
ST JEAN-EUDES

Pleine Lune

MARDI
20
ST BERNARD

MERCREDI
21
ST CHRISTOPHE

JEUDI
22
ST FABRICE

VENDREDI
23
STE ROSE

SAMEDI
24
ST BARTHÉLEMY

DIMANCHE
25
ST LOUIS

## La Lune cette semaine

La Pleine Lune des Vents Chauds en Verseau aura lieu le 19 août à 20 h 25, un lundi, jour de la lune (*voir introduction*). C'est le moment idéal de passer en mode « vacances mentales ». Faites une pause, lâchez prise sur les soucis qui vous assaillent, et consacrez-vous à cette opportunité de changement et de libération dans votre vie.

# PLEINE LUNE des Vents Chauds

**La Lune des Vents Chauds est le moment de l'année où l'énergie solaire est à son paroxysme, et vous soutient dans votre accomplissement.**

## *Votre rituel : eau de lune framboise et noisetier*

Versez de l'eau de source ou minérale dans un récipient, puis ajoutez des framboises fraîches et des feuilles de noisetier, arbre sacré des druides (*voir le texte de la semaine prochaine*).

Couvrez (ou refermez) le récipient, puis exposez-le à la lumière lunaire toute la nuit afin que l'astre sélène infuse le breuvage de ses propriétés bénéfiques. Le lendemain, filtrez et buvez en conscience. Visualisez l'énergie d'accomplissement vous remplir et vous rendre invincible.

Après avoir bu quelques gorgées, dites à voix haute ou pensez : « *Je te remercie, ô Lune des Vents Chauds, pour la force que tu m'amènes en vue de mon accomplissement sous toutes ses formes. Ton totem végétal, la framboise, infuser en moi pour déployer tout le champ des possibles pour me garantir le succès et l'harmonie.* ».

Conservez votre eau de lune au réfrigérateur (pendant 24 h maximum) et n'hésitez pas à réitérer le rituel dans ce laps de temps, afin d'en renforcer la puissance et les effets.

# AOÛT 2024

LUNDI STE NATACHA
26

MARDI STE MONIQUE
27

MERCREDI ST AUGUSTIN
28

JEUDI STE SABINE
29

VENDREDI ST FIACRE
30
SEPT.

SAMEDI ST ARISTIDE
31
SEPT.

DIMANCHE ST GILLES
1ER
SEPT.

## *La Lune cette semaine*

Cette semaine, la Lune est dans son dernier quartier, phase transitionnelle avant d'atteindre la Nouvelle Lune la semaine prochaine.

## LE NOISETIER

### *arbre sacré des druides*

Le noisetier est l'un des 7 arbres sacrés des druides, réputé pour abriter les licornes et les fées. Dans le calendrier celtique des arbres tutélaires, sa période de gouvernance s'étend du 5 août au 1er septembre. Les druides employaient son bois, symbole de connaissance, pour leurs incantations et leurs rituels de divination.

Les sorcières en récoltaient les fruits pour leurs vertus magiques entre le 3 septembre et Mabon. Ses branches font d'excellentes baguettes, utilisées pour atteindre la connaissance, promouvoir la chance et la fertilité, ou amplifier la clairvoyance ou la protection.

### *Votre rituel : baguette magique*

Trouvez un noisetier, qu'il soit sauvage en forêt ou domestiqué dans un jardin ou un verger. Ressentez ce lien spécial entre vous et lui, qui vous indique sa volonté de vous transmettre un peu de sa magie. Posez votre main sur diverses branches, jusqu'à « sentir » la bonne. Prélevez-la avec une serpette, à la manière des druides, ou à défaut, avec un couteau aiguisé. Remerciez l'arbre pour sa générosité, et placez la baguette sur votre autel. Avant usage magique, purifiez-la par fumigation.

# Calendrier lunaire du mois

| | | | | | |
|---|---|---|---|---|---|
| LUN | AOÛT 26 | 2 | 9 | 16 | 23 |
| MAR | 27 | nouvelle lune 3 | 10 | 17 | 24 |
| MER | 28 | 4 | 11 | pleine lune 18 | 25 |
| JEU | 29 | 5 | 12 | 19 | 26 |
| VEN | 30 | 6 | 13 | 20 | 27 |
| SAM | 31 | 7 | 14 | 21 | 28 |
| DIM | 1 | 8 | 15 | 22 | 29 |

# SEPTEMBRE 2024

30

MES NOTES

# SEPTEMBRE 2024

LUNDI 2 — STE INGRID

MARDI 3 — ST GRÉGOIRE

Nouvelle Lune

MERCREDI 4 — STE ROSALIE

JEUDI 5 — STE RAÏSSA

VENDREDI 6 — ST BERTRAND

SAMEDI 7 — STE REINE

DIMANCHE 8 — ST ADRIEN

## *La Lune cette semaine*

La Nouvelle Lune des Moissons en Vierge aura lieu le 3 septembre à 3 h 55. C'est un temps de changements énergétiques et vibratoires, qui peut vous faire vous sentir déboussolé(e) ou déséquilibré(e). Voilà aussi le moment idéal pour un nettoyage en profondeur avant la rentrée : faites le ménage au sens propre comme au figuré ! Faites aussi le point sur vos envies et vos objectifs.

# NOUVELLE LUNE des *Moissons*

### ACCOMPLISSEMENT

**Cette lunaison nous invite à comprendre à quel point l'abondance est présente dans notre vie. Cela peut ne pas être évident au premier abord, mais si vous y réfléchissez bien, l'abondance est partout : santé, amitiés, amour, famille…**

## *Votre autel de Nouvelle Lune*

Réunissez les totems principaux de cette lunaison : une représentation de l'esprit d'Abeille, qui nous enseigne à croire aux miracles et à la coexistence de toutes choses dans l'amour et la paix, du tournesol (fleurs ou pétales) et de la fluorite, qui apporte une nouvelle perspective et favorise l'équilibre, l'expansion et l'unité universelle, ainsi qu'une pierre de lune pour rappeler la présence de notre astre sélène. Ajoutez une bougie verte, couleur qui symbolise l'abondance, ainsi que de l'huile essentielle d'ylang-ylang, pour le rituel d'olfactothérapie.

## *Votre rituel d'olfactothérapie*

L'huile essentielle d'ylang-ylang, potentialise notre féminin sacré et son odeur capiteuse nous fait mesurer l'abondance dans notre vie. Inspirez profondément une dizaine de fois en visualisant vos intentions pour le mois à venir déjà réalisées.

*Cette Nouvelle Lune sera une Micro Lune : elle sera positionnée à 404 578 km de la Terre, à l'apogée de son orbite.*

# SEPTEMBRE 2024

LUNDI
9
ST ALAIN

MARDI
10
STE INÈS

MERCREDI
11
ST ADELPHE

JEUDI
12
ST APOLLINAIRE

VENDREDI
13
ST AIMÉ

SAMEDI
14
ST MATERNE

DIMANCHE
15
ST ROLAND

## *La Lune cette semaine*

Cette semaine, la Lune est dans son premier quartier, phase transitionnelle avant d'atteindre la Pleine Lune la semaine prochaine.

## FÊTE CHINOISE DE LA LUNE

**La fête chinoise de la Lune (ou fête de la mi-automne) se tient le premier jour du huitième mois du calendrier lunaire depuis plus de trois mille ans ! Cette année, ce sera le 17 septembre.**

On lui associe plusieurs contes anciens, dont celui de Chang'E : représentant le *yin* absolu, celle-ci but un élixir d'immortalité avant de s'envoler trouver refuge sur la Lune : on dit qu'on peut l'apercevoir sur l'astre en ce jour spécial.

Cette fête est celle du rassemblement de la famille (l'un des symboles de la Lune) et de la convivialité. On orne les maisons de lanternes aux formes variées (animaux, plantes, fleurs...) : plus elles sont hautes, plus elles porteront chance à la famille ! Outre des repas généreux et des promenades nocturnes honorant la lune, on confectionne de petits biscuits en forme de lune pleine, dont ce rituel s'inspire.

### *Votre rituel : gâteaux de Lune*

Dans une pâte à sablés d'une épaisseur d'1 cm, découpez vos biscuits avec un emporte-pièce en croissant de lune. Badigeonnez-les de jaune d'œuf battu (l'œuf symbolise la lune), puis saupoudrez de graines de sésame (de la couleur du *yin*, personnifié par Chang'E). Faites cuire au four avant de partager avec vos proches.

# SEPTEMBRE 2024

LUNDI 16 — STE ÉDITH

MARDI 17 — ST RENAUD

MERCREDI 18 — STE NADÈGE

Pleine Lune

JEUDI 19 — STE ÉMILIE

VENDREDI 20 — ST DAVY

SAMEDI 21 — ST MATTHIEU

DIMANCHE 22 — ST MAURICE

## La Lune cette semaine

La Super Lune des Moissons en Poissons aura lieu le 18 septembre à 4 h 34. Elle viendra appuyer sur nos états d'âme encore à vif (en lien avec le signe très sensible des Poissons). Elle nous invite à exprimer nos émotions et sentiments, et à travailler dessus pour les guérir en profondeur et reprendre les rênes de notre souveraineté intérieure.

# SUPER PLEINE LUNE *des Moissons*

**La Pleine Lune des Moissons est le moment idéal pour récolter le fruit d'un dur labeur, par exemple la concrétisation d'un projet de longue haleine.**

## *Votre rituel : harmonisation corporelle*

Procurez-vous des sélénites et des pierres de lune, éventuellement de labradorites (pierres de lune noires), qui vous serviront à créer une forme dans laquelle vous vous installerez. Prévoyez-en 5 au minimum 1 pour la tête, 1 au bout de chaque main, 1 au bout de chaque pied.

Choisissez la forme des pierres selon le besoin que vous ressentez. Les pierres roulées agissent sur l'harmonisation corporelle globale via l'énergie lunaire. Celles taillées en pointe vous aideront à vous recharger énergétiquement (pointes tournées vers vous), soit au contraire à décharger un trop-plein énergétique (pointes vers l'extérieur, pour que les énergies s'évacuent au loin).

Après les avoir purifiées par fumigation, disposez vos pierres au sol, sur une couverture blanche, en symbolisant une forme humaine assez grande pour pouvoir vous y coucher.

Installez-vous dans cette forme, puis visualisez l'aura énergétique émise par votre grille de cristaux harmoniser tous les chakras de votre corps, en résonance avec la Lune dans le cosmos.

*Cette Super Lune sera assortie d'une éclipse lunaire partielle (visible en France) qui apportera sa propre énergie : profitez de la combinaison de ces événements pour agir !*

# SEPTEMBRE 2024

| | |
|---|---|
| LUNDI 23 | ST CONSTANT |
| MARDI 24 | STE THÈCLE |
| MERCREDI 25 | ST HERMANN |
| JEUDI 26 | ST CÔME, ST DAMIEN |
| VENDREDI 27 | ST VINCENT DE PAUL |
| SAMEDI 28 | ST VENCESLAS |
| DIMANCHE 29 | ST MICHEL/GABRIEL |

## *La Lune cette semaine*

Cette semaine, la Lune est dans son dernier quartier, phase transitionnelle avant d'atteindre la Nouvelle Lune la semaine prochaine.

# CARNET DE GRATITUDE

**Cette semaine, la Lune – célébrant toute abondance dans notre vie – nous invite à acquérir un carnet (à prévoir quelques jours avant) auquel nous allons attribuer la fonction de « carnet de gratitude », afin de la remercier.**

Durant la semaine, installez-vous régulièrement devant votre carnet, respirez profondément et lentement plusieurs fois, et laissez l'inspiration venir. Ensuite, notez ou dessinez tout ce pour quoi vous êtes empli(e) de gratitude dans votre vie, à tous les niveaux.

Notez les choses comme elles vous arrivent, même si ce que vous posez sur le papier vous semble hors sujet. Écrivez-les clairement, par exemple : « *Je suis pleine de gratitude pour ma santé/ma famille/ma vie* », ou bien « *Je remercie l'Univers pour l'événement* [citez-le] *qui m'est arrivé et qui a bouleversé ma vie pour le meilleur* ». Pendant que vous notez ou dessinez, visualisez clairement chaque scène dans votre tête en laissant la gratitude vous envahir, telle une aura bienfaisante autour de vous.

Terminez en pensant ou en disant : « *Ô Lune, je te remercie pour ta générosité, et pour la protection et l'accompagnement que tu me procures au quotidien, qui m'apportent l'abondance sous toutes ses formes.* »

# Calendrier lunaire du mois

| | | | | | |
|---|---|---|---|---|---|
| LUN | SEPT. 30 | 7 | 14 | 21 | 28 |
| MAR | 1 | 8 | 15 | 22 | 29 |
| MER | 2 nouvelle lune | 9 | 16 | 23 | 30 |
| JEU | 3 | 10 | 17 pleine lune | 24 | 31 |
| VEN | 4 | 11 | 18 | 25 | NOV. 1 nouvelle lune |
| SAM | 5 | 12 | 19 | 26 | 2 |
| DIM | 6 | 13 | 20 | 27 | 3 |

# OCTOBRE 2024

MES NOTES

# OCTOBRE 2024

LUNDI 30 SEPT. — ST JÉRÔME

MARDI 1ER — STE THÉRÈSE DE LISIEUX

MERCREDI 2 — ST LÉGER

*Nouvelle Lune*

JEUDI 3 — ST GÉRARD

VENDREDI 4 — ST FRANÇOIS D'ASSISE

SAMEDI 5 — STE FLEUR

DIMANCHE 6 — ST BRUNO

## *La Lune cette semaine*

La Nouvelle Lune des Chasseurs en Balance aura lieu le 2 octobre à 20 h 49. Elle nous invite à l'équilibre et à la paix, à considérer le côté positif des choses, plutôt que le côté négatif. C'est le moment de travailler sur l'empathie et de faire un effort pour communiquer plus en douceur avec nos proches.

# MICRO NOUVELLE LUNE *des Chasseurs*

**MÉDITATION, MOMENT PRÉSENT**

**Cette lunaison invite à faire une parenthèse méditative pour nous reconnecter au moment présent et rééquilibrer notre rapport au monde. Nos vies modernes nous déconnectent trop de notre vraie nature en ressassant le passé et en nous projetant trop dans un potentiel futur.**

## *Votre autel de Nouvelle Lune*

Réunissez les totems principaux de cette lunaison : une représentation de l'esprit du Loup, du jaspe et des feuilles de busserole. Loup nous apprend à connaître notre pouvoir personnel et la force du pouvoir de la Conscience collective. Le jaspe procure une énergie positive d'ancrage, stimule et clarifie les pensées et le mental. Ajoutez une bougie violette, couleur symbolisant la connexion avec les mondes subtils via la méditation (qui se passe ici et maintenant) ainsi que de l'huile essentielle de pruche pour le rituel d'olfactothérapie.

## *Votre rituel d'olfactothérapie*

L'huile essentielle de pruche éloigne la peur et fait venir imagination et inspiration, tout en apportant du réconfort et de l'apaisement. Inspirez profondément une dizaine de fois, en visualisant vos intentions pour le mois à venir déjà réalisées.

*Cette Nouvelle Lune sera une Micro Lune, qui atteindra son apogée à 21 h 41, à 406 516 km de la Terre. Elle sera assortie d'une éclipse solaire annulaire sur l'océan Pacifique et l'Atlantique Sud (non visible en Europe).*

# OCTOBRE 2024

LUNDI 7 — ST SERGE

MARDI 8 — STE PÉLAGIE

MERCREDI 9 — ST DENIS

JEUDI 10 — ST GHISLAIN

VENDREDI 11 — ST FIRMIN

SAMEDI 12 — ST WILFRIED

DIMANCHE 13 — ST GÉRAUD

## *La Lune cette semaine*

Cette semaine, la Lune est dans son premier quartier, phase transitionnelle avant d'atteindre la Pleine Lune la semaine prochaine.

## MÉDITATION DES 7 CHAKRAS

### *à l'aide des cristaux*

**Cette méditation utilise pierres et cristaux pour l'équilibrage des chakras. Chaque minéral a des propriétés propres, lui permettent de travailler sur les corps physique, mental, émotionnel et spirituel. Chaque chakra étant associé à une couleur, on utilisera des cristaux de même couleur pour renforcer l'effet.**

Allongez-vous dans un lieu calme et paisible. Dans l'ordre précis détaillé ci-dessous, posez un jaspe rouge sur le chakra racine (ancrage), une cornaline sur le chakra sacré (créativité et fertilité), une citrine sur le plexus solaire (réconfort apportant l'abondance et la prise de décisions), une malachite sur le chakra du cœur (équilibre physique et méditation), une azurite sur le chakra de la gorge (créativité), un lapis-lazuli sur le chakra du 3e œil (relaxation et facultés psychiques), une améthyste sur le chakra coronal (amplifie l'énergie des autres cristaux, la protection générale et l'équilibre de tous nos corps).

Lorsque vous sentez que la méditation vous a apporté le maximum de bienfaits, retirez les cristaux un à un, en commençant par celui du chakra racine puis en suivant le même ordre que celui dans lequel vous les avez déposés.

# OCTOBRE 2024

LUNDI
14
ST JUSTE

MARDI
15
STE THÉRÈSE D'AVILA

MERCREDI
16
STE EDWIGE

JEUDI
17
ST BAUDOUIN

Pleine Lune

VENDREDI
18
ST LUC

SAMEDI
19
ST RENÉ

DIMANCHE
20
STE ADELINE

## *La Lune cette semaine*

La Super Lune des Chasseurs en Bélier aura lieu le 17 octobre à 13 h 26. Elle sera au plus proche de la Terre (périgée), à 357 174 km. Elle nous place face aux conséquences de nos actions passées, mais promeut aussi nos objectifs personnels et notre indépendance.

# SUPER PLEINE LUNE *des Chasseurs*

**La Pleine Lune des Chasseurs est le moment idéal pour vous reconnecter aux mondes subtils par l'intermédiaire d'une fumigation.**

## *Votre rituel : fumigation corporelle*

À la flamme d'une bougie, allumez un bâton de sauge blanche éco-responsable ou d'un mélange de sauge et laurier. En veillant à ne pas vous brûler, passez le bâton de fumigation autour de votre tête ; de votre main libre, conduisez la fumée vers vos yeux, bouche et oreilles, afin de purifier votre vue, votre parole et votre audition. Passez ensuite le bâton autour de votre cou, sous vos aisselles, autour de chaque bras et chaque main. Continuez sur le devant du corps, au niveau du buste et de l'abdomen, et à l'arrière au niveau du dos (selon votre souplesse). Finissez par les jambes et enfin les pieds (sans oublier la voûte plantaire).

Tout au long de la fumigation, visualisez que la fumée qui émane vous nettoie et capte les énergies négatives collés à vos corps physique, psychique, émotionnel et spirituel.

Remerciez-vous pour cet acte de nettoyage énergétique que vous vous êtes offert, ainsi que la Lune pour sa présence bienveillante et l'Univers. Ouvrez les fenêtres pour évacuer la fumée souillée.

# OCTOBRE 2024

LUNDI STE CÉLINE
21

MARDI STE SALOMÉ/STE ÉLODIE
22

MERCREDI ST JEAN DE CAPISTRAN
23

JEUDI ST FLORENTIN
24

VENDREDI ST CRÉPIN
25

SAMEDI ST DIMITRI
26

DIMANCHE STE ÉMELINE
27

## *La Lune cette semaine*

Cette semaine, la Lune est dans son dernier quartier, phase transitionnelle avant d'atteindre la Nouvelle Lune la semaine prochaine.

## INFUSION MÉDITATIVE
### *à la camomille*

**L'huile essentielle de camomille noble amène le calme et apaise l'excès d'agitation physique et psychique. Elle affine notre intuition et nous aide ainsi à mieux percevoir les messages, les rêves, les informations et les réalités sous-jacentes.**

Déposez 1 goutte d'huile essentielle de camomille sur un sachet de thé (ou une infusette de fleurs de camomille). Faites infuser 5 min dans 1 tasse d'eau frémissante avec 1 petit lapis-lazuli nettoyé et rechargé. Pendant ce temps, libérez-vous des pensées obsédantes, des énergies négatives. Faites le vide en vous afin de pouvoir accueillir des images et messages en clairaudience, clairvoyance, clairconnaissance...

Ôtez le sachet et la pierre, puis buvez cérémonieusement en visualisant un vortex bleu foncé s'ouvrir entre vos deux yeux physiques, là où se trouve le chakra du 3e œil.

Soyez en alerte quant à ce qui se passe au niveau subtil et invisible dans la pièce où vous vous trouvez. Percevez-vous des images, des messages, des sons grâce à vos capacités extra-sensorielles ? Est-ce que des phénomènes apparaissent dans votre champ de vision périphérique ? Cela vous apporte-t-il des réponses dans votre situation actuelle ? Prenez le temps d'analyser ce que vous avez reçu....

# OCTOBRE 2024

LUNDI 28 — ST SIMON, ST JUDE

MARDI 29 — ST NARCISSE

MERCREDI 30 — STE BIENVENUE

JEUDI 31 — ST QUENTIN

VENDREDI 1ER NOV. — TOUSSAINT

*Nouvelle Lune*

SAMEDI 2 NOV. — ST VICTORIN

DIMANCHE 3 NOV. — ST HUBERT

## *La Lune cette semaine*

La Nouvelle Lune des Premières Gelées en Scorpion aura lieu le 1er novembre à 13 h 47. Ce signe symbolisant à la fois la transformation et l'instinct, elle vous donnera la force de vous libérer du passé ou d'une relation toxique. Vous aurez pour cela besoin de réconfort : entourez-vous de personnes que vous aimez et en qui vous avez confiance.

# NOUVELLE LUNE des Premières Gelées

## AMOUR INCONDITIONNEL

Cette lunaison est dédiée à l'amour inconditionnel à et l'amour de soi. Car la première personne à aimer (sans avoir un ego démesuré bien sûr !), c'est soi-même : c'est à partir de là que notre amour pour les autres peut rayonner.

## *Votre autel de Nouvelle Lune*

Réunissez une représentation de l'esprit de Chouette, de la malachite et du cèdre* (associé à la Direction Sacré de l'Hiver sur la roue de médecine amérindienne) qui purifie la maison et la protège des mauvaises entités. Chouette nous enjoint à regarder en nous-même pour voir qui nous sommes vraiment. La malachite facilite les changements et nous aide à comprendre notre connexion en constante évolution avec le monde des esprits. Ajoutez une bougie rose, couleur de l'amour de soi et des autres, ainsi que de l'huile essentielle de géranium rosat, pour le rituel d'olfactothérapie.

## *Votre rituel d'olfactothérapie*

L'huile essentielle de géranium rosat (à la senteur proche de celle de la rose), amplifie l'amour sous toutes ses formes, autour de nous et en nous. Inspirez profondément une dizaine de fois en visualisant vos intentions pour le mois déjà réalisées.

** Pour les Amérindiens, le nom commun du thuya (Thuya occidentalis) est cedar (cèdre), et n'est pas le « vrai » cèdre au sens botanique (lequel appartient au genre latin Cedrus).*

# Calendrier lunaire du mois

| | | | | | |
|---|---|---|---|---|---|
| LUN | OCT. 28 | 4 | 11 | 18 | 25 |
| MAR | 29 | 5 | 12 | 19 | 26 |
| MER | 30 | 6 | 13 | 20 | 27 |
| JEU | 31 | 7 | 14 | 21 | 28 |
| VEN | nouvelle lune 1 | 8 | pleine lune 15 | 22 | 29 |
| SAM | 2 | 9 | 16 | 23 | 30 |
| DIM | 3 | 10 | 17 | 24 | nouvelle lune DÉC. 1 |

# NOVEMBRE 2024

MES NOTES

# NOVEMBRE 2024

| | |
|---|---|
| LUNDI 4 | ST CHARLES |
| MARDI 5 | STE SYLVIE |
| MERCREDI 6 | STE BERTILLE |
| JEUDI 7 | STE CARINE |
| VENDREDI 8 | ST GEOFFROY |
| SAMEDI 9 | ST THÉODORE |
| DIMANCHE 10 | ST LÉON |

## *La Lune cette semaine*

Cette semaine, la Lune est dans son premier quartier, phase transitionnelle avant d'atteindre la Pleine Lune la semaine prochaine.

## SPELL JAR

### *pour l'amour inconditionnel*

Une *spell jar* (appelée aussi bouteille de sort ou encore bouteille de sorcière) est la représentation physique d'un sort. Ici, vous êtes invité(e) à en créer une pour réaliser un sort d'amour inconditionnel. Placez votre intention dans la spell jar pendant que vous le confectionnez. Gardez-la aussi sous votre lit, aussi longtemps que vous en sentez le besoin.

Dans un flacon de 50 ml à bouchon de liège, mettez 1 cuil. à soupe de sel rose de l'Himalaya utile pour l'attraction et l'amour (dont l'amour de soi), l'amitié, mais aussi pour protéger les relations et retirer les blocages et malédictions.

Ajoutez 1 cuil. à café de fleurs de jasmin séchées, 1 cuil. à café de pétales de rose séchés et 1 cuil. à café de fleurs de lavande séchées. Toutes ces fleurs symbolisent l'amour de soi et l'amour porté aux autres.

Ajoutez encore 1 cuil. à café de tout petits quartz roses (symbolisant l'amour de soi et l'amour inconditionnel) et 1 cuil. à café de toutes petites pierres de lune (symbolisant la Lune). Refermez le flacon puis scellez le bouchon de liège avec un mélange de cire rose (couleur symbolisant l'amour sous toutes ses formes) et blanche (pour la Lune) mêlées.

# NOVEMBRE 2024

LUNDI
11
ST MARTIN

MARDI
12
ST CHRISTIAN

MERCREDI
13
ST BRICE

JEUDI
14
ST SIDOINE

VENDREDI
15
ST ALBERT

*Pleine Lune*

SAMEDI
16
STE MARGUERITE

DIMANCHE
17
STE ÉLISABETH

## *La Lune cette semaine*

La Pleine Lune des Premières Gelées en Taureau aura lieu le 15 novembre à 22 h 28. Elle sera proche de la Terre, à 360 109 km. Elle va mettre fin à de vieilles habitudes et à tout ce qui nous empoisonne. Elle nous permettra de changer certaines de nos priorités. Elle nous aide à écouter notre intuition et nos ressentis et à nous connecter à notre Moi profond.

# PLEINE LUNE des Premières Gelées

Cette Pleine Lune est l'apogée de cette lunaison consacrée à l'amour inconditionnel, l'amour de soi et l'amour porté à autrui. C'est donc le moment idéal pour travailler sur cette thématique à travers un rituel dédié.

## *Votre rituel : élixir de beauté à la rose*

Dans 1 flacon de verre foncé, mélangez 25 gouttes d'huile essentielle de rose de Damas (ou de géranium rosat) et 10 ml d'huile de rose musquée. Ajoutez de petits quartz roses. Exposez le flacon à la lumière de la Lune toute la nuit, ou posez-le sur une fleur de vie pour en augmenter le taux vibratoire, donc l'efficacité.

Le lendemain, appliquez sur votre visage une lingette humide et chaude pour ouvrir les pores et favoriser la future action de l'élixir. Allongez-vous une dizaine de minutes pour profiter de cette bulle de bien-être. Ôtez la lingette, versez un peu d'élixir dans votre main et massez délicatement votre visage en restant ancrée dans le moment présent. Partez du milieu du visage vers l'extérieur, symétriquement : si vous faites un mouvement à gauche, faites-le aussi à droite pour maintenir l'équilibre.

Cet élixir sublimera votre peau grâce aux puissantes propriétés de la fleur, tout en vous enveloppant de son énergie pour inviter l'Amour de soi.

# NOVEMBRE 2024

| | |
|---|---|
| LUNDI 18 | STE AUDE |
| MARDI 19 | ST TANGUY |
| MERCREDI 20 | ST EDMOND |
| JEUDI 21 | ST GÉLASE |
| VENDREDI 22 | STE CÉCILE |
| SAMEDI 23 | ST CLÉMENT |
| DIMANCHE 24 | STE FLORA |

## *La Lune cette semaine*

Cette semaine, la Lune est dans son dernier quartier, phase transitionnelle avant d'atteindre la Nouvelle Lune la semaine prochaine.

# CÉLÉBRATION
## de l'amour sensuel

Ce rituel vous reconnecte à votre Féminité sacrée, harmonise le chakra sacré pour vous aider à vivre pleinement votre vie de Femme sous tous ses aspects. Il met en œuvre l'ylang-ylang, plante symbolique de la Lune et de la Femme. Choisissez bien une huile essentielle dite « complète » ou « totum » pour profiter de tous les bienfaits de la fleur.

### *Votre rituel : huile envoûtante pour le corps*

Créez une ambiance sonore en diffusant des chants et musiques tribales africaines qui viendront travailler sur votre chakra sacré par leur fréquence spécifique de vibration, soutenant ainsi une sexualité et une sensualité harmonieuses.

Mélangez 30 ml d'huile végétale de sésame avec 20 gouttes d'huile essentielle d'ylang-ylang complète. Avec un crayon kohl couleur or, dessinez un maquillage tribal africain sur votre visage. Enduisez vos bras et votre buste de votre huile à l'ylang-ylang, en allant jusqu'au pubis.

Laissez-vous porter par les sons tribaux que vous entendez, dansez et bougez votre corps comme bon vous semble, en étant attentive à ses signaux. Puis laissez-vous aller tout naturellement dans un moment intime avec votre partenaire.

# NOVEMBRE 2024

LUNDI
25
STE CATHERINE

MARDI
26
STE DELPHINE

MERCREDI
27
ST SÉVERIN

JEUDI
28
ST JACQUES DE LA MARCHE

VENDREDI
29
ST SATURNIN

SAMEDI
30
ST ANDRÉ

DIMANCHE
1ER DÉC.
STE FLORENCE

*Nouvelle Lune*

## *La Lune cette semaine*

La Nouvelle Lune de la Neige Silencieuse en Sagittaire aura lieu le 1er décembre à 7 h 21. Elle nous amènera à éprouver un sentiment de liberté, nous poussant au voyage et à la découverte de nouveaux lieux, à l'extérieur comme à l'intérieur de soi.

# NOUVELLE LUNE
# *de la Neige Silencieuse*
## BILAN

**La lunaison de la Neige Silencieuse est l'occasion idéale pour faire le point sur l'année écoulée, tant sur les événements et décisions positifs que négatifs.**

## *Votre autel de Nouvelle Lune*

Réunissez les totems principaux de cette lunaison : une représentation de l'esprit de Cheval et de celui de Bison (lié à la Direction sacrée de l'Hiver sur la Roue de Médecine amérindienne), de l'hématite et du bouleau. Cheval nous apprend à honorer le pouvoir des autres sans perdre le nôtre. Bison représente la communauté et la continuité de la vie. L'hématite améliore la réflexion et la concentration. Ajoutez une bougie bleue, couleur qui calme le mental et favorise la concentration et l'imagination, et de l'huile essentielle de cèdre de l'Atlas pour le rituel d'olfactothérapie.

## *Votre rituel d'olfactothérapie*

Le cèdre de l'Atlas procure l'enracinement et l'apaisement nécessaires à l'établissement de notre bilan annuel. Inspirez profondément une dizaine de fois en visualisant vos intentions pour le mois à venir déjà réalisées.

# Calendrier lunaire du mois

| | | | | | |
|---|---|---|---|---|---|
| LUN | NOV. 25 | 2 | 9 | 16 | 23 |
| MAR | 26 | 3 | 10 | 17 | 24 |
| MER | 27 | 4 | 11 | 18 | 25 |
| JEU | 28 | 5 | 12 | 19 | 26 |
| VEN | 29 | 6 | 13 | 20 | 27 |
| SAM | 30 | 7 | 14 | 21 | 28 |
| DIM | 1 (nouvelle lune) | 8 | 15 (pleine lune) | 22 | 29 |

# DÉCEMBRE 2024

nouvelle lune
30

31

MES NOTES

JAN

# DÉCEMBRE 2024

| | | |
|---|---|---|
| LUNDI | 2 | STE VIVIANE |
| MARDI | 3 | ST FRANÇOIS-XAVIER |
| MERCREDI | 4 NOV. | STE BARBARA |
| JEUDI | 5 | ST GÉRALD |
| VENDREDI | 6 | ST NICOLAS |
| SAMEDI | 7 | ST AMBROISE |
| DIMANCHE | 8 | ST/STE ELFRIED |

## *La Lune cette semaine*

Cette semaine, la Lune est dans son premier quartier, phase transitionnelle avant d'atteindre la Pleine Lune la semaine prochaine.

## QUETZALCOATL

### *dieu aztèque*

**Le Dieu Quetzalcoatl, ou serpent à plumes de Quetzal, est issu de la mythologie aztèque. Il est le fils du Soleil et de l'une de cinq divinités de la Lune, Coatlicue.** Dieu de la sagesse et de l'intelligence, ses fonctions secondaires sont la gestion de la végétation et du vent. Les symboles qui l'accompagnent sont associés à chaque Élément : la Terre (épi de maïs), l'Eau (poisson), l'Air (vautour) et le Feu (lézard). Lors de cérémonies en son honneur, les offrandes sont des fleurs, de l'encens et du tabac.

### *Votre rituel : art-thérapie de bilan par le serpent à plumes*

Sur une feuille de papier, dessinez un serpent en noir et blanc. Puis posez sur le serpent, en alternance, des plumes colorées et des serpentines.

Ce faisant, faites mentalement le bilan de l'année écoulée, en vous focalisant sur un événement pour chaque objet posé : une erreur à ne plus faire pour chaque plume (ces erreurs s'envoleront avec le vent, disparaissant de votre vie) et un événement positif à refaire pour chaque serpentine (lourde, la pierre s'ancre dans votre vie).

# DÉCEMBRE 2024

LUNDI — ST PIERRE FOURIER
9

MARDI — ST ROMARIC
10

MERCREDI — ST DANIEL
11

JEUDI — ST CORENTIN
12

VENDREDI — STE LUCIE
13

SAMEDI — STE ODILE
14

DIMANCHE — STE NINON
15

Pleine Lune

## *La Lune cette semaine*

La Pleine Lune de la Neige Silencieuse en Gémeaux aura lieu le 15 décembre à 10 h 01. Cette dernière Pleine Lune de l'année est le bon moment pour laisser nos pensées et états d'âme s'exprimer, pour avoir des discussions trop longtemps repoussées, pour se délester de certains poids… et ainsi entamer la nouvelle année l'esprit léger !

## PLEINE LUNE
## *de la Neige Silencieuse*

**Cette dernière Pleine Lune de 2024 est l'occasion de faire le bilan et de célébrer l'année écoulée.** Deux plantes symboles de la Lune vous y aideront : l'armoise (dite aussi « sourcil de lune ») liée à la déesse de la Lune Artémis, et l'ylang-ylang, calmante et apaisante, qui purifie aussi le corps et aide à l'élimination des toxines, effet bénéfique idéal en cette fin d'année.

### *Votre rituel : bilan de fin d'année*

Allumez un bâton de fumigation à l'armoise et nettoyez la pièce où vous allez pratiquer la suite du rituel. Posez ensuite le bâton dans un récipient ignifuge (comme une abalone) – vous en aurez besoin pour clôturer le rituel.

Prenez un linge fin, chauffez-le à la vapeur d'eau, puis pulvérisez-y de l'hydrolat d'ylang-ylang. Recouvrez-en votre visage, puis allongez-vous et disposez de petites sélénites (en lien avec la Lune) sur votre front, vos joues et votre menton. Concentrez-vous sur toutes vos sensations, agréables ou non. Au bout d'une dizaine de minutes, ôtez le linge, puis nettoyez à nouveau la pièce avec le bâton de fumigation (dans le sens inverse du début), en disant : « *Ô Lune, je te remercie pour ta présence et ton aide lors de cette lunaison consacrée au bilan.* »

# DÉCEMBRE 2024

LUNDI 16 — STE ALICE

MARDI 17 — ST JUDICAËL/GAËL

MERCREDI 18 — ST GATIEN

JEUDI 19 — ST URBAIN

VENDREDI 20 — ST THÉOPHILE

SAMEDI 21 — ST PIERRE CANISIUS

DIMANCHE 22 — STE FRANÇOISE-XAVIÈRE

## *La Lune cette semaine*

Cette semaine, la Lune est dans son dernier quartier, phase transitionnelle avant d'atteindre la Nouvelle Lune.

YULE

## fête du solstice d'hiver

**À l'occasion du solstice d'hiver, le 21 décembre, la fête paienne de Yule célèbre le rallongement des jours à venir, et le printemps et ses beaux jours qui arrivent en ligne de mire.**

## *Votre rituel : couronne de bienvenue*

Allez récolter, en conscience, de fines branchettes de bois sec dans la forêt. Cueillez aussi, si vous en trouvez, des branches de houx, d'aubépine, de prunellier, d'églantier ou encore du gui. Ramassez des noisettes, des glands et des pommes de pin. En repartant, remerciez la forêt pour sa générosité.

De retour chez vous, imprégnez-vous de l'énergie de la Lune en la visualisant soit sous sa forme d'astre, soit personnifiée par Artémis ou Séléné. Avec de la ficelle fine ou des rubans blancs (ou argentés), verts et rouges, Nouez les différents éléments entre eux de façon harmonieuse. Assurez-vous que tout tient bien ensemble et pourra résister à des bourrasques de vent ou autres chocs.

Yule étant une fête conviviale où l'on rassemble ses proches, cette couronne de bienvenue sera du plus bel effet sur votre porte d'entrée pour accueillir vos invités à l'occasion du solstice d'hiver, ou pour Noël à venir.

# DÉCEMBRE 2024

LUNDI 23 — ST ARMAND

MARDI 24 — STE ADÈLE

MERCREDI 25 — ST EMMANUEL

JEUDI 26 — ST ÉTIENNE

VENDREDI 27 — ST JEAN L'APÔTRE

SAMEDI 28 — STS INNOCENTS

DIMANCHE 29 — ST DAVID

## *La Lune cette semaine*

Cette semaine, la Lune est dans son dernier quartier, phase transitionnelle avant d'atteindre la Nouvelle Lune la semaine prochaine.

## BAHLOO

### *dieu-esprit de la Lune*

**La prochaine lunaison de la Contemplation, qui débutera la semaine prochaine, sera l'occasion de découvrir Bahloo, le Dieu-Esprit de la Lune dans la culture aborigène d'Australie.**

Responsable du grand cycle infini de la Vie (naissance, mort, renaissance…), Bahloo est en lien avec le serpent, animal totem de cette lunaison et symbole de notre immortalité : le reptile qui se débarrasse de son ancienne peau représente le bébé qui naît en permettant ainsi la perpétuation du genre humain au fil des générations.

### *Votre rituel : invocation aborigène*

Créez une ambiance sonore inspirante en diffusant des sons de didgeridoo. Fermez les yeux et imaginez-vous au milieu du désert de l'Outback australien, au pied du mont Uluru (ou Ayers Rock). C'est la nuit et vous bénéficiez d'un ciel dégagé qui vous permet de voir toute la brillance des étoiles et de la Lune. À vos pieds se love le serpent de Balhoo, qui nous amène à nous débarrasser de notre vieille peau pour renaître dans une nouvelle version de nous-même.

Remerciez la Lune pour cette belle année écoulée, riche de sagesse et d'enseignements.

# DÉCEMBRE 2024

LUNDI 30 — ST ROGER

Nouvelle Lune

MARDI 31 — ST SYLVESTRE

MERCREDI 1ER JAN. — JOUR DE L'AN

JEUDI 2 JAN. — ST BASILE

VENDREDI 3 JAN. — STE GENEVIÈVE

SAMEDI 4 JAN. — ST ODILON

DIMANCHE 5 JAN. — ST ÉDOUARD

## *La Lune cette semaine*

La Nouvelle Lune de la Contemplation en Capricorne aura lieu le 30 décembre à 23 h 26. Clôturant l'année, cette Nouvelle Lune remet de l'ambition dans nos vies pour le nouveau cycle qui arrive. Elle nous enjoint à planifier les événements à venir, en cultivant à la fois notre patience et notre persévérance.

# NOUVELLE LUNE *de la Contemplation*

## CONTEMPLATION INTÉRIEURE

Cette lunaison est le moment de faire un temps de pause, pour se ressourcer avant d'entamer la nouvelle année. Dans nos vies trépidantes, faire une pause est toujours bénéfique pour notre corps et notre esprit. .

## *Votre autel de Nouvelle Lune*

Réunissez une représentation de l'esprit de Serpent, des fleurs de camomille, du lapis-lazuli et de la serpentine (en lien avec Serpent). Serpent nous enseigne la leçon de la renaissance à travers l'élévation de l'énergie de la Terre. Le lapis-lazuli, propice à l'introspection, soutient la clarté et la maturité spirituelles, la sagesse, la compassion, la force mentale... et permet d'équilibrer les énergies vitales. Ajoutez une bougie blanche, couleur de la pureté et de la renaissance, ainsi que de l'huile essentielle de verveine citronnelle, pour le rituel d'olfactothérapie.

## *Votre rituel d'olfactothérapie*

L'huile essentielle de verveine citronnelle active tous les chakras et favorise l'éveil de l'énergie Kundalini. (énergie primordiale lovée dans le chakra racine, et allant jusqu'au chakra coronal). Inspirez profondément une dizaine de fois en visualisant vos intentions pour le mois à venir déjà réalisées.

*Ce mois de décembre, clôturant l'année, est particulier puisqu'il contient deux nouvelles Lunes. C'est donc un mois particulièrement propice à l'émission de souhaits et vœux.*

# CALENDRIER ANNUEL SEPTEMBRE 2023– DÉCEMBRE 2024

## SEPTEMBRE 2023

| LUN | MAR | MER | JEU | VEN | SAM | DIM |
|---|---|---|---|---|---|---|
| | | | | 1 | 2 | 3 |
| 4 | 5 | 6 | 7 | 8 | 9 | 10 |
| 11 | 12 | 13 | 14 | 15 | 16 | 17 |
| 18 | 19 | 20 | 21 | 22 | 23 | 24 |
| 25 | 26 | 27 | 28 | 29 | 30 | |

## OCTOBRE 2023

| LUN | MAR | MER | JEU | VEN | SAM | DIM |
|---|---|---|---|---|---|---|
| | | | | | | 1 |
| 2 | 3 | 4 | 5 | 6 | 7 | 8 |
| 9 | 10 | 11 | 12 | 13 | 14 | 15 |
| 16 | 17 | 18 | 19 | 20 | 21 | 22 |
| 23 | 24 | 25 | 26 | 27 | 28 | 29 |
| 30 | 31 | | | | | |

## NOVEMBRE 2023

| LUN | MAR | MER | JEU | VEN | SAM | DIM |
|---|---|---|---|---|---|---|
| | | 1 | 2 | 3 | 4 | 5 |
| 6 | 7 | 8 | 9 | 10 | 11 | 12 |
| 13 | 14 | 15 | 16 | 17 | 18 | 19 |
| 20 | 21 | 22 | 23 | 24 | 25 | 26 |
| 27 | 28 | 29 | 30 | | | |

## DÉCEMBRE 2023

| LUN | MAR | MER | JEU | VEN | SAM | DIM |
|---|---|---|---|---|---|---|
| | | | | 1 | 2 | 3 |
| 4 | 5 | 6 | 7 | 8 | 9 | 10 |
| 11 | 12 | 13 | 14 | 15 | 16 | 17 |
| 18 | 19 | 20 | 21 | 22 | 23 | 24 |
| 25 | 26 | 27 | 28 | 29 | 30 | 31 |

## JANVIER 2024

| LUN | MAR | MER | JEU | VEN | SAM | DIM |
|---|---|---|---|---|---|---|
| 1 | 2 | 3 | 4 | 5 | 6 | 7 |
| 8 | 9 | 10 | 11 | 12 | 13 | 14 |
| 15 | 16 | 17 | 18 | 19 | 20 | 21 |
| 22 | 23 | 24 | 25 | 26 | 27 | 28 |
| 29 | 30 | 31 | | | | |

## FÉVRIER 2024

| LUN | MAR | MER | JEU | VEN | SAM | DIM |
|---|---|---|---|---|---|---|
| | | | 1 | 2 | 3 | 4 |
| 5 | 6 | 7 | 8 | 9 | 10 | 11 |
| 12 | 13 | 14 | 15 | 16 | 17 | 18 |
| 19 | 20 | 21 | 22 | 23 | 24 | 25 |
| 26 | 27 | 28 | 29 | | | |

## MARS 2024

| LUN | MAR | MER | JEU | VEN | SAM | DIM |
|---|---|---|---|---|---|---|
| | | | | 1 | 2 | 3 |
| 4 | 5 | 6 | 7 | 8 | 9 | 10 |
| 11 | 12 | 13 | 14 | 15 | 16 | 17 |
| 18 | 19 | 20 | 21 | 22 | 23 | 24 |
| 25 | 26 | 27 | 28 | 29 | 30 | 31 |

## AVRIL 2024

| LUN | MAR | MER | JEU | VEN | SAM | DIM |
|---|---|---|---|---|---|---|
| 1 | 2 | 3 | 4 | 5 | 6 | 7 |
| 8 | 9 | 10 | 11 | 12 | 13 | 14 |
| 15 | 16 | 17 | 18 | 19 | 20 | 21 |
| 22 | 23 | 24 | 25 | 26 | 27 | 28 |
| 29 | 30 | | | | | |

## MAI 2024

| LUN | MAR | MER | JEU | VEN | SAM | DIM |
|---|---|---|---|---|---|---|
| | | 1 | 2 | 3 | 4 | 5 |
| 6 | 7 | 8 | 9 | 10 | 11 | 12 |
| 13 | 14 | 15 | 16 | 17 | 18 | 19 |
| 20 | 21 | 22 | 23 | 24 | 25 | 26 |
| 27 | 28 | 29 | 30 | 31 | | |

## JUIN 2024

| LUN | MAR | MER | JEU | VEN | SAM | DIM |
|---|---|---|---|---|---|---|
| | | | | | 1 | 2 |
| 3 | 4 | 5 | 6 | 7 | 8 | 9 |
| 10 | 11 | 12 | 13 | 14 | 15 | 16 |
| 17 | 18 | 19 | 20 | 21 | 22 | 23 |
| 24 | 25 | 26 | 27 | 28 | 29 | 30 |

## JUILLET 2024

| LUN | MAR | MER | JEU | VEN | SAM | DIM |
|---|---|---|---|---|---|---|
| 1 | 2 | 3 | 4 | 5 | 6 | 7 |
| 8 | 9 | 10 | 11 | 12 | 13 | 14 |
| 15 | 16 | 17 | 18 | 19 | 20 | 21 |
| 22 | 23 | 24 | 25 | 26 | 27 | 28 |
| 29 | 30 | 31 | | | | |

## AOÛT 2024

| LUN | MAR | MER | JEU | VEN | SAM | DIM |
|---|---|---|---|---|---|---|
| | | | 1 | 2 | 3 | 4 |
| 5 | 6 | 7 | 8 | 9 | 10 | 11 |
| 12 | 13 | 14 | 15 | 16 | 17 | 18 |
| 19 | 20 | 21 | 22 | 23 | 24 | 25 |
| 26 | 27 | 28 | 29 | 30 | 31 | |

## SEPTEMBRE 2024

| LUN | MAR | MER | JEU | VEN | SAM | DIM |
|---|---|---|---|---|---|---|
| | | | | | | 1 |
| 2 | 3 | 4 | 5 | 6 | 7 | 8 |
| 9 | 10 | 11 | 12 | 13 | 14 | 15 |
| 16 | 17 | 18 | 19 | 20 | 21 | 22 |
| 23 | 24 | 25 | 26 | 27 | 28 | 29 |
| 30 | | | | | | |

## OCTOBRE 2024

| LUN | MAR | MER | JEU | VEN | SAM | DIM |
|---|---|---|---|---|---|---|
| | 1 | 2 | 3 | 4 | 5 | 6 |
| 7 | 8 | 9 | 10 | 11 | 12 | 13 |
| 14 | 15 | 16 | 17 | 18 | 19 | 20 |
| 21 | 22 | 23 | 24 | 25 | 26 | 27 |
| 28 | 29 | 30 | 31 | | | |

## NOVEMBRE 2024

| LUN | MAR | MER | JEU | VEN | SAM | DIM |
|---|---|---|---|---|---|---|
| | | | | 1 | 2 | 3 |
| 4 | 5 | 6 | 7 | 8 | 9 | 10 |
| 11 | 12 | 13 | 14 | 15 | 16 | 17 |
| 18 | 19 | 20 | 21 | 22 | 23 | 24 |
| 25 | 26 | 27 | 28 | 29 | 30 | |

## DÉCEMBRE 2024

| LUN | MAR | MER | JEU | VEN | SAM | DIM |
|---|---|---|---|---|---|---|
| | | | | | | 1 |
| 2 | 3 | 4 | 5 | 6 | 7 | 8 |
| 9 | 10 | 11 | 12 | 13 | 14 | 15 |
| 16 | 17 | 18 | 19 | 20 | 21 | 22 |
| 23 | 24 | 25 | 26 | 27 | 28 | 29 |
| 30 | 31 | | | | | |

# NOTES PERSONNELLES

# NOTES PERSONNELLES

5, rue Saint-Germain l'Auxerrois – 75001 Paris
www.mercileslivres.com

**Direction de publication**: Didier Ballot
**Direction éditoriale** : Marie Roussos
**Responsable éditoriale** : Séverine Pedan
**Direction d'ouvrage** : Agnès Busière
**Création éditoriale et graphique, réalisation** :
agence éditoriale Not Only Books
**Correction** : Géraldine Coullaud-Boudy
**Suivi de fabrication** : Typo'Libris
**Calendrier lunaire et zodiacal** : L'Observatoire de Paris
**Photographie et illustrations** : © Shutterstock et © iStock

Achevé d'imprimer en Turquie en août 2023 par Typo'Libris
ISBN : 978-2-38355-418-9
Dépôt légal : août 2023